Country
Chic

Beatrix Kleuver

Photography: Jan Verlinde

Editor: Beatrix Kleuver | Design: De Heeren van Vonder

TERRA

© 2009 Terra Lannoo B.V.

Post Box 614, 6800 AP Arnhem

info@terralannoo.nl

www.terralannoo.nl

Terra Publishing is part of the Lannoo-group, Belgium

Text: Beatrix Kleuver

Editing: Laura Thuis

Translation Dutch-English: Claire van Wengen

Photography: Jan Verlinde (see also photocredits at page 184)

Design: De Heeren van Vonder, Esther Plaat

Printed and bound: Printer, Trento (Italy)

ISBN 978-90-8989-475-5

NUR 454

www.beatrixkleuver.nl

Inhoud

Country Chic Voorwoord Gudrun van Engelen   9

Entree Voorwoord Beatrix Kleuver   10

Thuis op Beekwold   12

Paleis Het Loo Grandeur én ambacht   56

Roodselaar Nieuw landgoed met sfeer   70

Remaisnil Voormalig buitenhuis van de Ashley's   86

Het Ruigezand Bos en water ontmoeten elkaar   106

Standen Een van de best bewaarde interieurs van William Morris   128

Montana Nieuw huis zonder verhuizing   136

Welbergen Een chic gebaar   146

Maandag Ongecompliceerd wonen op een boerenhoeve   154

Inspiratie   158

Over de auteur   180

Contents

Country Chic Foreword by Gudrun van Engelen   9

Foreword Preface by Beatrix Kleuver   11

At home in Beekwold   12

Paleis Het Loo Grandeur and Craftsmanship   56

Roodselaar A New Country Estate with Character   70

Remaisnil Laura Ashley's former country estate   86

Het Ruigezand Where Woods and Water Meet   106

Standen One of William Morris' Best Kept Interiors   128

Montana A New Home without Moving House   136

Welbergen An Elegant Gesture   146

Maandag Simple Living in a Farmhouse   154

Inspiration   158

About the author   181

Country
Chic

For some 'a way of life', for others 'a way of decorating their living'.

Terwijl ik dit voorwoord schrijf, ben ik samen met Beatrix Kleuver te gast op Remaisnil, het Franse kasteel dat jarenlang het familiehuis van Laura Ashley was en uitgebreid terugkomt in dit boek. Voor mij was dit een heel bijzonder bezoek omdat ik Beatrix via Laura Ashley heb leren kennen en Remaisnil vanuit mijn pr-werk voor Laura Ashley meerdere malen heb bezocht.

Achter Remaisnil zit dus voor mij een heel bijzonder verhaal, maar eigenlijk zit er achter elk huis en elke foto in dit boek een bijzonder verhaal. Enkele locaties zijn heuse 'heritages', andere zijn lang het 'thuis' geweest van bewoners die het woord 'country' op een onvergetelijke wijze wereldwijd op de kaart hebben gezet.

Beatrix Kleuver, mijn dierbare vriendin en samensteller van dit prachtige boek, lééft 'country living' en vertaalt dit in haar dagelijkse leven. Haar meest in het oog springende karaktereigenschappen zijn wel haar onuitputtelijke gedrevenheid, haar passie voor natuurlijke schoonheid in de meest brede zin van het woord en het leven leven in harmonie. En het is dézé passie die ik zó kan bewonderen en waar ik zo van kan genieten. Beatrix heeft geen ruimte voor twijfel, maar straalt uit waar zij voor staat: natuurlijke schoonheid en evenwicht. Als kind groeide zij op in een gebied in Nederland waar nog oerbossen zijn. Zij leeft 'country' en koestert haar oorsprong, interpreteert dit naar het heden en schept daarmee een natuurlijke omgeving. Tijdens een van onze eerste ontmoetingen in de jaren tachtig vertelde ze mij eens: 'Het naar binnen halen van buiten en het binnen naar buiten brengen, dát is voor mij een uitdaging.'

Haar carrière verloopt pionierend, innoverend en interessant. In dit boek is geen enkele locatie gekozen of foto gemaakt zonder haar waakzame oog voor detail, waarbij geen enkel architectonisch element, historische oorsprong of verhaal van de bewoners wordt vergeten. Country herleeft als u de huizen in *Country Chic* 'bezoekt'. Landgoederen die nog zijn ontstaan uit gedrevenheid, die nieuw leven kregen ingeblazen door passie en weer actueel zijn, mede door de verdiende aandacht die gecreëerd wordt in dit prachtige boek.

Aan u dit alles te ontdekken door de ogen van Beatrix Kleuver.

Gudrun van Engelen

As I write this foreword, Beatrix Kleuver and I are actually staying at Remaisnil, the French castle which for many years was Laura Ashley's family home and which is described in detail later on in this book. For me this was a very special visit as Laura Ashley was the one who had first introduced me to Beatrix and because I had visited Remaisnil on several previous occasions as part of my PR work for Laura Ashley. So, for me, there is a very special story behind Remaisnil, but of course there is a special story behind each and every one of the houses and photographs in this book. Some of the locations are true heritage sites, others were home to owners who made the idea of elegant country living a concept recognized the world over.

Beatrix Kleuver, my dear friend and editor of this beautiful book, lives and breathes country living and translates it into her daily life. That which undoubtedly characterises Beatrix is her unfailing enthusiasm, her passion for natural beauty in the broadest sense and the harmonious way in which she lives her life. And it is this very passion which I so admire and delight in. There is no room for doubt in Beatrix's vision and she exudes that very natural beauty and balance which she stands for. She grew up in an area of the Netherlands where one still finds primeval forests. Country living is her natural habitat and she cherishes her roots and brings them into the present and in doing so creates natural surroundings. One of the things I remember her saying when we first met in the Eighties was: 'My real challenge is to bring what is outside inside and to take what is inside outside.' Her chosen career takes her on pioneering, innovative and interesting paths. For this book each one of the locations was chosen with care and every single photograph was taken under her watchful eye, not leaving out a single detail of architectural features, historical origins or stories recounted by the houses' owners. You will experience once again the joy of country living when you 'visit' the houses in *Country Chic*. Country estates which have been revived through sheer passion and brought into the twenty-first century, partly thanks to the well-deserved interest created by this exquisite book.

This is your opportunity to discover all this through Beatrix Kleuver's eyes.

Gudrun van Engelen

Entree

Bestaat er zoiets als het volmaakte interieur?

Zo ja, dan waarschijnlijk alleen in onze dromen. En dromen zijn nu eenmaal altijd zeer persoonlijk. Waar de één droomt van uitgezakte leren fauteuils met sleets linnen, bloemstoffen en houten lambriseringen in een oud buitenhuis, droomt de ander van een sobere robuuste tafel op een blank geschuurde houten vloer in een eenvoudige plattelandswoning. En wéér een ander vindt zichzelf heel goed passen

in dat mooie hoge stadspand met mahoniehouten meubels en chintzstoffen. Maar wat zeggen deze dromen nu eigenlijk over onszelf? En wat weten we nu eigenlijk echt te realiseren van deze woondromen? Een droom realiseren en/of een goed interieur creëren is niet alleen een kwestie van de gedroomde vloer, keuken of badkamer uitzoeken. Nee! Een goed interieur straalt persoonlijkheid uit en weerspiegelt het vertrouwen van de bewoner in zichzelf en zijn omgeving.

Daarom vinden de meeste mensen het zo enorm ingewikkeld om hun huis in te richten. Velen verdwalen in de eindeloze zoektocht naar de juiste spullen. Maar wat zijn nu de juiste spullen als ze niet in de juiste omgeving staan? Iets kan bij je passen, maar niet bij het huis

waar je - op dat moment - woont. Misschien heb je ooit het ultieme wandtapijt gevonden, maar beslaat de beschikbare wand in je huis maar de helft. En wat moet je er dan mee? Ik denk dat het allemaal niet zo ingewikkeld is, maar dat het meer een kwestie is van erachter komen waar je voor wilt staan, wie je bent en waar je jezelf prettig bij voelt.

Opgegroeid en nog steeds wonend op het platteland, voel ik me hier prettig. Het leven te midden van de natuur en alles waar het plattelandsleven voor staat, is voor mij bovendien een constante bron van inspiratie. Historische buitenhuizen, landgoederen, kastelen, ruïnes… ze inspireren me enorm door hun onveranderlijke karakter. Ze zijn bestendig gebleken tegen alle trends, net zoals de onveranderlijke schoonheid van de natuur.

Daar waar mensen zeer uiteenlopende smaken en meningen kunnen hebben als het gaat om zaken als mode, design en meubelen, is men over de natuur nooit zo verdeeld. Ik hoor nooit dat een grote eik die solitair in het landschap staat of een bloeiende heidevlakte niet mooi wordt gevonden… Ook in mijn huidige werk als interior decorator zie ik de natuur en de historie als mijn natuurlijke vertrekpunt. Zo gebruik ik bij voorkeur stoffen met kleuren die je het gevoel geven dat de stoffen en het huis al een paar generaties meegaan, die al een doorleefde, oude uitstraling hebben. Daarnaast streef ik ernaar om huizen, tuinen en interieurs te creëren waar mensen zich geborgen voelen, zich echt 'thuis voelen'. Ik vind dan ook dat je bij het bouwen of verbouwen van huizen van binnenuit moet werken. Hoe mooi of imposant een huis of gebouw ook mag zijn, de bewoners leven en wonen binnen, daar moet het goed voelen.

In dit boek vol historische én hedendaagse buitenhuizen komen bovenstaande zaken als een rode draad - of eigenlijk meerdere draden – terug. Ik vat ze samen als Country Chic, dat symbool staat voor mijn manier van wonen, leven en werken.

Foreword

Is there such a thing as the perfect interior?

Is there such a thing as the perfect interior? If so, it probably exists only in our dreams and our dreams, of course, are by definition very personal. Where some might dream of comfortable old leather armchairs, well-worn linen, flowery materials and wooden panelling in an old country house, others will dream of a plain sturdy table on a sanded natural floor in a simple cottage. Yet others feel that the perfect place would be a beautiful tall townhouse with mahogany furniture paired with chintz. So what do these dreams actually say about us? And in how far is it possible to make these dreams of what we would like our homes to be like come true? Making a dream come true and/or creating the right look is about more than just choosing the floors, the kitchen and the bathroom of our dreams, so much more. The right design exudes personality and reflects the owners' confidence in themselves and their surroundings.

This is why most people find planning the interior design of their homes so very challenging. Many people get lost in their endless search for exactly the right thing. But can something be exactly the right thing if it's not in exactly the right place? This thing could be just right for you but not just right for the house you happen to be living in at that time. You might have come across the perfect wall hangings but where will you hang them if there is no way they will fit on your walls? My personal view is that it isn't actually that challenging but that, rather, it is a question of discovering what is important to you, what sort of person you are and ultimately what makes you feel at home.

Having grown up and remained in the country, I feel at home there. For me, being surrounded by natural beauty and everything that living in the country represents is a constant source of inspiration. I am hugely inspired by the unchangeable nature of historic country houses, country estates, castles and ruins. Like the unchangeable beauty of nature these building have held on to their character in the face of changing fashions.

Whereas people's opinions often differ on matters such as fashion, design and furniture, their opinions rarely differ when it comes to the natural creation. I have never heard anybody say that they thought a single enormous oak tree in the middle of a field or a flowering heath was in bad taste… In my current incarnation as an interior decorator I like to take natural beauty and history as my

starting points. My preference, for example, is for using colours which give one the feeling that the materials used and the house have been around for several generations, exuding a sense of permanency. Besides, I aim to create houses, gardens and interiors which make people feel safe and where they feel truly at home. This is why I feel that when building or renovating a house it is absolutely vital to work

from the inside out. However beautiful or imposing a house or building might be on the outside, the owners still have to live inside it so that is where they have to feel comfortable.

The theme, or maybe the various themes that run through this book full of both historical and modern country houses reflect this. I like to refer to these themes as Country Chic which has become synonymous with my way of living and working.

Thuis op
Beekwold

Wonen op Beekwold betekent voor mij letterlijk thuiskomen. Ik ben op nog geen zeven kilometer hiervandaan opgegroeid en heb me altijd verbonden gevoeld met dit buitengebied van Apeldoorn. Toen we zo'n twintig jaar geleden de mogelijkheid kregen om echt buiten te gaan wonen, zijn we dan ook bewust in deze omgeving gaan zoeken.

Ons huis ligt in het Beekberger Woud, een nat broekbos dat momenteel wijd en zijd bekendstaat als het laatste oerbos van Nederland. Voor mij geeft dit nog een extra dimensie aan het wonen op Beekwold, het feit dat je op een historisch bijzondere plek woont. In mijn kindertijd sprak dit gebied al tot de verbeelding. Mensen hadden het altijd over 'het verloren woud'. Dat klonk natuurlijk reuze spannend.
Het Beekberger Woud heeft uiteindelijk bijna achtduizend jaar ongerept kunnen bestaan tot het in 1871 door ontginning verloren ging. Dankzij Vereniging Natuurmonumenten, die vierendertig jaar later werd opgericht, is 'het verloren woud' grotendeels in ere hersteld. Het landgoed Beekwold is door alle inspanningen van mijn echtgenoot Geert geworden tot wat het nu is: een officieel nieuw landgoed van ruim zeven hectare met een beukenlaan, een eikenlaan, de benodigde bosopstand en een grote waterpartij. Ook maakt het deel uit van de ecologische verbindingszone tussen diverse natuurgebieden rond ons huis.

≪≪

At home

Living in Beekwold literally means coming home to me. I grew up less than five miles from here and have always felt part of this rural area just outside the town of Apeldoorn. When the opportunity to really move into the country presented itself about twenty years ago, my husband and I decided to focus our search on this area.

Our house is located within the Beekberger Woud, wet marsh and woodlands which are widely known within the Netherlands as the last primeval forest in the country. This, for me, adds yet another dimension to living in Beekwold, knowing that you live in a place of special historical interest. Even when I was young this place spoke greatly to my imagination. People used to refer to is as the 'lost forest'. What could be more exciting!
In the end the Beekberger Woud was left untouched for nearly eight thousand years until it was lost due to the woods being cut down for agricultural development in 1871. Thanks to the Society for the Preservation of Natural Monuments (Natuurmonumenten) which was founded thirty-four years ago, 'the lost forest' has been largely re-established. Thanks to my husband Geert's considerable efforts the Beekwold Estate has become what it is now, an official new country estate covering more than seventeen acres. It boasts beech and oak avenues, wooded areas and a large water garden. It is also part of the ecological zone linking the various nature reserves surrounding our house.

In huis vind ik persoonlijk de hal een zeer belangrijke ruimte: hier ontvang je gasten en geef je een eerste indruk van het huis. Bovendien is de hal in ons geval de ruimte waar je altijd doorheen moet om in de andere vertrekken te komen. Dan is het dus wel plezierig als deze er een beetje sfeervol uitziet.

To me the hall is a very important space in any house. This is where you greet your visitors and where they get their first impression of the house. Furthermore, in our house you always have to go through the hall to get to any of the other rooms. So that makes it all the more important for it to be attractive.

Om het huis niet al te schreeuwerig in het landschap te laten staan, werd het van de buitenkant in sober grijs gestuukt. Met ronde, stoere, gesmede letters kreeg het zijn naam: Beekwold, geïnspireerd op het Beekbergerwoud en een oude beek die achter ons terrein loopt. Het huis is symmetrisch gebouwd met hoge plafonds die voor een royale uitstraling zorgen. De tinten in het huis zijn bewust sober gehouden - een gedempt kleurenpalet van paarstinten, greige en duifblauw. Op de wanden van de woonkamer kwam een grijze kalkverflaag. De boekenkast werd in hetzelfde grijs geverfd. Het oude jachtstilleven kleurt prachtig bij de ruige rendiervellen op de bank.

In order to keep the house from standing out too starkly from its surroundings we had the outside of the house plastered in a sober grey colour. The name of the house 'Beekwold', inspired by the Beekbergerwoud and the ancient brook which runs along the bottom of our land, was crafted in round, strong, cast iron letters. The house was built symmetrically with high ceilings which give the house a regal character. The tones inside the house have been deliberately kept sober with a subdued palette of purples, grey/beige and dove blue. A coat of grey plaster rendering was applied to the living room walls. The bookcases were painted to match the grey of the walls. The old hunting still-life beautifully matches the colours of the reindeer skins on the sofa.

Het vale roze-paarse kleed op de grote tafel verbindt op een prachtige manier het zachtoranje van de stoel met de paarse ondertoon van de gordijnen. Deze komen uit de collectie van Harris. Elke vrijdagmorgen worden er verse boeketten gemaakt

van alles wat de tuin op dat moment te bieden heeft, wat vaak heel spannende combinaties oplevert. Het negentiende-eeuwse bronzen beeld op de grote tafel is van de Franse beeldend kunstenaar George Bareau (1866-1931).

The faded purple-pink cloth on the large table links the soft orange of the chair and the purple hues of the curtains beautifully. The curtains are from the Harris Collection. Every Friday morning fresh flower arrangements are prepared using everything the garden has to offer at that particular time of year, often producing very exciting combinations. The Nineteenth Century bronze statue on the large table is by the French artist George Bareau (1866-1931).

De muren van Geerts werkkamer werden eveneens met kalkverf behandeld. De gordijnen in de kast hebben exact dezelfde kleur als de wanden, wat voor rust zorgt. De gordijnen in deze kamer zijn van prachtige zware wol gemaakt in een dieprode, bijna bronzen tint. In dit geval heb ik de achterkant van de stof gebruikt, om een nóg betere aansluiting bij de kleur van de wanden te krijgen. Vanaf de wand waakt Murdock - onze inmiddels overleden Bull Mastiff - nog steeds als een generaal over het huis. In de antieke bibliotheekkast staan verschillende objecten die we in de loop van de jaren hebben verzameld.

Limewash was also applied to the walls of Geert's study. The little curtains in the cupboard are exactly the same colour as the walls and this creates a sense of calm. The curtains in this room are made of beautiful heavy wool in a deep red, almost bronze, colour. I actually used the back of the material to achieve an even better match with the colour of the walls. Still watching over the house from the wall like a General is Murdock our Bull Mastiff, who in the meantime has died. On the antique library shelves are various objects which we have collected in the course of time.

De eetkamer heeft vele jaren trouwe dienst gedaan. Voor eetkamers kies ik heel vaak blauw, omdat dit een kleur is waar je ook heel goed groen en bruin bij kunt voegen voor bijvoorbeeld kerst- of herfstdecoraties. Oud blauw straalt ook een bepaalde rust uit. Ik wilde voor mijn huidige werk als interior decorator per se een werkkamer op de begane grond en heb deze kamer daarom omgebouwd tot een erg prettige werkkamer voor mijzelf. De ruimte heeft nu een dubbele functie, wat uitstekend werkt.

We've had great use out of the dining room for many years now. I usually choose blue for dining rooms because this is a colour which can easily be combined with greens and browns for example for Christmas or autumn decorations.

Old-fashioned blue also exudes a certain sense of calm. For the work I do now as an interior decorator I absolutely wanted an office on the ground floor and this is why I converted this particular room for myself into a very pleasant space to work in. The room now serves two purposes which works extremely well.

De bamboe blinds filteren het licht van buiten en geven een fantastische sfeer. De tafel is nieuw maar wel van oud hout gemaakt. In de loop van de ochtend komt de zon hier volop binnen en maakt deze kamer tot een heerlijke plek om te werken.

De collectie aquarellen en tekeningen is van rond 1900. Persoonlijk vind ik het leuk om diverse stijlen te mixen. De stijl en sfeer van het bronzen beeldje op tafel zijn bijvoorbeeld heel anders dan die van de aquarellen, maar juist daarom voor mij zo vreselijk leuk en passend bij de manier waarop wij wonen en leven. Het beeldje kocht ik al toen ik begin twintig was.

The bamboo blinds filter the light from outside and create a wonderful atmosphere. The table is new but was made using reclaimed wood. In the course of the morning the sunlight just streams into this room and makes it a lovely place to sit and work.

The collection of water colours and drawings dates back to around 1900. I enjoy combining various styles. The style and character of the bronze statuette on the table, for example, are very different from that of the water colours, but that is what I love doing and it fits in with the way in which we live and work. I have had that little statue since I bought it when I was in my early twenties.

Bij het bed in de slaapkamer hoort een leuke anekdote. Toen we bezig waren om dit huis te bouwen, had ik een trap voor de hal ontworpen en had hier een trappenbouwer voor uitgenodigd. De trappenbouwer kwam langs en bleek toevalligerwijs ook met een nieuw huis bezig te zijn. We voerden een leuk gesprek en op een gegeven moment kregen we het over tuinen. Hij vertelde dat hij dat maar ingewikkeld vond, waarop ik enthousiast begon te vertellen over wat je met tuinen allemaal wel niet kon. De trappenbouwer werd steeds stiller, maar zei plotseling: 'Volgens mij bent u wel een romantisch type.' Ik was in eerste instantie met stomheid geslagen en werd zelfs een beetje narrig. Vervolgens kwam hij ook nog met de opmerking: 'Ik vind u echt een type voor een hemelbed', wat mij helemaal sprakeloos maakte. De aap kwam uit de mouw toen hij vervolgde: 'Als ik nu een mooi hemelbed voor u maak, ontwerpt u dan een hele mooie tuin voor mij?' Ik ontdooide op slag en zo gebeurde het. We zeiden 'Hand erop' en hij maakte dit prachtige four poster bed en ik deed zijn tuin. Van dit soort warme dingen in het leven kan ik heel erg genieten. Ik noem dat altijd kostbare parels aan mijn levenssnoer.

There is a nice story about the bed in this room. When this house was being built, I had designed a staircase for the hall and had commissioned a staircase builder to make it. The staircase builder came round and as it happened was also in the process of having a house built. We had a nice chat and after a while found ourselves talking about gardens. He said he just found the whole thing rather complicated whereupon I started enthusing about all the many wonderful things you can do with gardens. The staircase builder became quieter and quieter until he suddenly said: 'I suspect you are the romantic type.' Initially I was dumb-struck and even became a little annoyed. And then he added: 'I think you are really the type for a four poster bed' and that really left me completely speechless. Finally all became clear when he carried on by saying: 'What if I made you a beautiful four poster bed and you designed me a beautiful garden?' I instantly melted and that is what happened. We shook hands on it and he made this fabulous four poster bed and I designed his garden. I just love it when this sort of thing happens. Things like that bring warmth to my heart and immense pleasure. I call them the treasured pearls of my necklace of life.

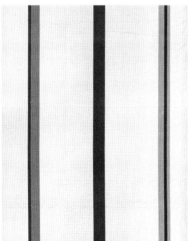

Toen wij destijds het huis lieten bouwen was er absoluut geen geld voor een luxe badkamer en zat er niets anders op dan er maar gewoon iets leuks van te maken. We schilderden de wanden zeegroen en werkten de tegels simpel af met een houten rand. De blinds zijn van Laura Ashley, het kamerscherm is nog een erfenis uit de periode dat ik tijdschriften maakte en dit scherm speciaal voor een productie werd gemaakt.

At the time when we had the house built there was absolutely no money for a luxurious bathroom and the only option was just to make it as nice as we could. We painted the walls sea green and finished the tiles with a wooden border. The blinds are Laura Ashley and the room divider goes back to the time when I still made magazines and this screen was specially crafted for a production.

De keuken is duifblauw geschilderd. De doorleefde sfeer kreeg de keuken onder meer door de vele antieke keukenattributen en de met hout beklede wanden, waar kleine naden in zijn ontstaan door de werking van het hout. De hazenpan is een heel oud stuk, evenals de zeldzame eierschaal. De keukendoeken uit de Elzas geven prachtig de B van Beekwold weer. Voor de gordijnen kozen we een Schotse ruit, wat het landelijke karakter versterkt. De keuken is ook het domein van onze hond Ashley, een Old English Mastiff. De antieke bank is zeventiende-eeuws en heeft nog een origineel met touw gespannen frame.

The kitchen was painted dove blue. The lived-in atmosphere was created by the many antique kitchen utensils and the wood clad walls with their grooves caused by the warping of the wood. The special hare roasting pan is a very old piece as is the rare egg dish. The tea towels from Alsace bear a beautifully shaped B for Beekwold. For the curtains we chose tartan which emphasizes the rustic feeling. The kitchen is also Ashley's domain, our Old English Mastiff. The antique bench is Seventeenth Century and still has its original rope bound frame.

Het kussentje boven het aanrecht met de tekst 'The queen doesn't cook' heeft ook een bijzondere achtergrond. Wij kochten het tijdens een vakantie in een piepklein winkeltje in een dorpje in de Engelse Cotswolds. De eigenaar vertelde dat koningin Elisabeth ditzelfde kussentje bij hem gekocht had en het aan haar kok cadeau had gedaan. U begrijpt dat als je Beatrix heet, graag lekker eet, maar een bloedhekel aan koken hebt, dit kussentje onmisbaar is in je keuken!

The decorative cushion above the work surface says: 'The Queen Doesn't Cook' and also comes with an unusual story. We bought it in a tiny shop in a village in the English Cotswolds when we were on holiday. The owner was telling us that Queen Elizabeth had bought the same cushion for her cook. You will understand that if your name is Beatrix (like the Dutch Queen) and you love to eat well but absolutely hate cooking, that your kitchen would not be complete without it.

De zeventiende-eeuwse loden vaas heeft een prominente plaats. De citrusplant heeft ons al behoorlijk veel citroenen geleverd. 'The Queen doesn't cook', maar zij houdt wel van decoreren. Niet alleen met bloemen, maar ook met groenten en fruit. Het leuke daarvan is dat, wanneer er mensen binnenkomen, meteen duidelijk is dat ze iets met die mooie groenten- en fruit-decoratie mogen doen. Ik zeg steevast: 'Voel je vrij', en dan komen er meestal heel erg lekkere dingen op tafel in huize Beekwold.

The Seventeenth Century lead vase also occupies a prominent position. The citrus plant has produced a fair number of lemons for us already. 'The Queen Doesn't Cook', but she does enjoy decorating not just with flowers but also with fruit and vegetables. The nice thing is that when people come in it is immediately clear that they are allowed to do something with that beautiful fruit and vegetable decoration. I always say: 'Feel free', and that usually produces some delicious things for our table at Beekwold.

Bij veranda's denk ik direct aan de oude romantiek. Ik heb geprobeerd deze sfeer ook op onze eigen veranda te creëren door met bloemstoffen te werken en uiteraard met rotan stoelen. De bloemstof komt uit de collectie van Laura Ashley. Het linnen voor de zitkussens - dat van een zeer zware, ruwe kwaliteit is - komt uit de collectie van de Le Cuona.

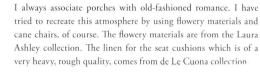

I always associate porches with old-fashioned romance. I have tried to recreate this atmosphere by using flowery materials and cane chairs, of course. The flowery materials are from the Laura Ashley collection. The linen for the seat cushions which is of a very heavy, rough quality, comes from de Le Cuona collection

Het woord 'tuin' betekent letterlijk 'omheining' of 'beschutting' en zo zie ik een tuin zelf ook. Ik houd van weidse landschappen, maar zeker ook van beschutting. De tuin wordt dan ook in zijn geheel omzoomd door groen, met uitzondering van de diverse zichtassen. In de tuin heb ik met grote groepen zwaar groen gewerkt, zoals taxus, rododendrons en hulst. Hugo Poortman, een van mijn lievelingstuinarchitecten, werkte in zijn tijd ook op deze manier en dat heeft mij altijd zeer geïnspireerd. Hij leefde van 1858 tot 1953 en ontwierp onder meer de tuinen van Landgoed Verwolde en Middachten.

In eerste instantie wilden we helemaal niet zo veel tijd aan de tuin besteden, omdat we bij ons vorige huis jarenlang een opengestelde tuin hebben gehad. Maar enfin, het bloed kruipt waar het niet gaan kan, waardoor er beetje bij beetje tóch weer een tuin ontstond. Er zijn alleen weinig bloeiende planten en borders te vinden, omdat we tuinieren op die manier echt niet meer wilden.

The word garden literally means enclosure or sheltered area and that is how I like to think of a garden. I love wide open views but I also really like the sense of feeling sheltered. In order to create this sense of shelter I have designed a garden which is completely surrounded by greenery with a couple of breaks in it to provide open vistas. I have included large areas of tall evergreens such as yew trees, rhododendrons and holly trees. Hugo Poortman whom I admire hugely had similar views on garden design to mine and he has been a great inspiration to me. He lived from 1858 to 1953 and designed, among others, the gardens at both the Verwolde and the Middachten estates.

Initially the idea was not to spend too much time on the garden as we had been part of an Open Gardens Scheme for many years in our previous home. But blood is thicker than water so without intending to we gradually ended up with another 'proper' garden. You won't find many perennials or borders in this garden because we really didn't want to do that kind of gardening anymore.

Het bijgebouw - dat jaren als kantoor heeft dienstgedaan - kreeg een nieuwe bestemming. Hier worden nu de wat uitgebreidere etentjes gegeven, drinken we soms een glaasje champagne voordat we binnen gaan eten en organiseren we onze jaarlijkse familiedag. De grote ovale tafel uit de collectie van Axel Vervoordt is ideaal voor dit soort gelegenheden. Bij hoge uitzondering werd deze door het schrijnwerkersatelier speciaal op maat gemaakt. De unieke collectie tin geeft tegen het matte wit een heel bijzondere sfeer. Op de wanden en wandtafels werd uitsluitend grondverf aangebracht.

The outhouse, which for many years was used as an office, was given a new purpose. This is where we now give our more elaborate dinner parties and where we sometimes have a glass of Champagne before we retire inside to eat and where we organize our annual family days. The large oval table from Axel Vervoordt's collection is ideal for this kind of occasions. As a great exception this table was specially made to measure by the cabinetmaker's studio. The unique collection of tinware displayed against the matt white creates a very special atmosphere. The walls and the side tables were just given an undercoat of paint.

Het grote terras voor het bijgebouw biedt plaats aan een immense stoere buiten-tafel van 4,75 meter lang. Het blad van dit eigen ontwerp is met lood bekleed.

There is a huge sturdy outside table on the large patio area in front of the outhouse which measures 4.75 metres. The table is lead-lined and I designed it myself.

Toen we in 1991 deze plek kochten, stond er nog een boerderij die niet meer te herstellen was. Voor mij stond al snel vast dat het nieuw te bouwen huis een echt buitenhuis moest worden met veel ruimte voor onze paarden, schapen, pauwen, katten en hond. Ook wilde ik per se dat het een oude uitstraling zou krijgen. Ik had op dat moment nog nooit zelf een huis ontworpen of getekend, maar had zó helder voor ogen wat ik wilde, dat er voor mij geen alternatief mogelijk was. De aannemer vond dat dit eigenlijk niet kon, maar ik was vastbesloten. Bij het ontwerpen en tekenen heb ik me laten inspireren door de authentieke voorhuizen van boerenbedrijven die je van oudsher in deze omgeving ziet.

When we bought this land in 1991 it still had a farm on it which had fallen into disrepair and could not be saved. I knew almost immediately that the house we were to have built should be a real country house with lots of room for our horses, peacocks, cats and, of course, our dog. I also really wanted it to have an old-fashioned feel to it. At that point I had never designed a house before but I had such a clear picture in my mind of what I wanted it to be like that I knew there was only one thing for it: I had to design it and do the drawings myself. The building contractor wasn't too keen on the idea but I was adamant. In the design and the drawings I took my inspiration from the traditional entrances to farmsteads which are part of the architectural history of the area.

Omdat de tuin zo groot is, heb ik er bewust voor gekozen om veel verschillende plekken te creëren waar je lekker zelf of met gasten kunt gaan zitten. Een tuin moet een toevoeging zijn. Daarnaast gebruik ik de tuin ook om het buitenleven naar binnen te halen. Veel groen is aangeplant om van te plukken en boeketten van te maken. Als we logees hebben, krijgen ze ook altijd wat groens naast het bed. Sommigen vinden dat ouderwets, maar voor mij hoort het erbij. Bloemen in huis vind ik sowieso een must, zonder bloemen of groen leeft een huis voor mij niet. Iedere vrijdagmorgen worden er verse boeketten gemaakt, een gewoonte die ik al heb vanaf het moment dat ik zelfstandig woon.

Because the garden is so large I made a deliberate decision to create lots of different areas where you can either sit peacefully on your own or enjoy spending time with friends. A garden should supplement the house. Furthermore, I also like to use the garden to bring natural beauty into the home. Much of the greenery was planted so it could be used to pick and use for flower arrangements. Whenever we have guests to stay I always put flowers on their bedside tables. Some people think it's a little old-fashioned but I feel it's the way it should be. In any case, I think there should always be flowers in a house as without flowers or greenery a house cannot be truly alive. On Friday mornings the flower arrangements are made up which is something I have done ever since I first left home.

Het zwembad ligt absoluut onzichtbaar verstopt tussen hoge hagen en is via een berceau te bereiken. Op warme dagen ben je hier echt 'uit' op eigen terrein, terwijl de kleine faun vrolijk en rondbuikig zijn panfluit bespeelt. Je bent hier voor niemand zichtbaar en zit midden in de natuur, super!

The swimming pool is completely hidden from sight behind high hedges and can be reached by walking through the pergola. On sunny days you really feel you are 'out' in your own garden, while the little faun with his round tummy cheerfully plays his pan flutes. Nobody can see you here and you are surrounded by natural beauty. It's fabulous!

Mijn paarden Lorenzo en Janniek genieten de dagelijkse zorg van Lisa, mijn steun en toeverlaat voor de paarden. Naast de dressuurmatige training op ons eigen terrein, maken we regelmatig mooie tochten door de omgeving. Pure rijkdom!

Lisa is in charge of the daily care for my horses Lorenzo and Janniek, I don't know what I would do without her. As well as dressage training in the grounds, we regularly go for beautiful rides in the surrounding area. It is pure joy!

Paleis Het Loo
Grandeur én ambacht

Als je uit een gezin komt waar je namen meekreeg als Louise, Wilhelmina en Beatrix, mag het duidelijk zijn dat je ouders het koninklijk huis een warm hart toedroegen. Vooral mijn moeder was dol op alles wat voor 'koninklijk' stond. Ikzelf raak vooral geïnspireerd door de grandeur én ambachtelijkheid die koninklijke huizen als Paleis Het Loo uitstralen.

Alhoewel Paleis Het Loo in 1686 door koning-stadhouder Willem III als jacht-slot werd gebouwd, zijn veel bouwelementen geïnspireerd op het grootse paleis van de Franse koning Lodewijk XIV. Het huis en de tuinen zijn als één geheel ontworpen; de kenmerkende tuindecoraties, huisschilderingen en stofpatronen werden ontworpen door de Franse architect Daniel Marot, die zich blijvend in de Republiek vestigde.

Wanneer ik door het paleis loop, beeld ik me vaak in hoe koningin Wilhelmina door de eindeloos lange gangen vol prachtig antiek moet hebben gewandeld. Of hoe Mary II Stuart en haar hofdames door de berceau wandelden en elkaar hun 'amoureuze avonturen' vertelden. Voor mij spreekt deze periode meer tot de ver-beelding dan de tijd dat de jonge prinses Juliana hier permanent woonde samen met haar ouders, koningin Wilhelmina en prins Hendrik. Prinses Juliana nam in dat hele grote paleis gewoon genoegen met één zit-slaapkamer, iets wat ik wel erg zuinigjes vind als je over zulke enorme ruimtes kunt beschikken. Al kwam dit waarschijnlijk ook omdat er in die tijd wel degelijk een spanningsveld bestond tussen het representatieve gebruik van het paleis voor ontvangsten en bals en het informele gebruik als familiehuis. Enfin, voor mij persoonlijk is Paleis Het Loo het mooiste country house dat Nederland rijk is.

《《

Grandeur and Craftsmanship

If you come from the sort of family where children were named Louise, Wilhelmina and Beatrix it is abundantly clear that your parents had a soft spot for the royal house of Orange. My mother in particular was mad about anything 'royal'. I myself tend to be more inspired by the grandeur and craftsmanship which royal residences such as Paleis Het Loo display.

Although Paleis Het Loo was originally built by King-Stadholder William III in 1686 as a hunting lodge, many aspects of the construction were inspired by the French King Louis XIV's grand palace. The house and the garden were designed as a whole; the characteristic garden decorations, house painting and the patterns on the material were designed by the French architect Daniel Marot, who settled in the Dutch Republic.

As I walk through the palace, I often imagine how Queen Wilhelmina must have wandered through the endless corridors full of beautiful antiques. Or how Mary II Stuart and her ladies-in-waiting must have walked through the pergola and told each other their 'amorous adventures'. This period speaks much more to my imagination than the time when the young Princess Juliana was permanently in residence here with her parents, Queen Wilhelmina and Prince Henry. Princess Juliana was content to occupy just one sitting-bedroom although she had that whole enormous palace at her disposal, something which strikes me as being slightly stingy when you have all these huge rooms around you. Although this was undoubtedly partially due to the fact that at that time there was a definite tension between the representative use of the palace for receptions and balls and its informal use as a family home. Still, for me personally Paleis Het Loo is the most beautiful country house in the whole of the Netherlands.

Wanneer je de grote hal van Het Loo binnenkomt, is het overduidelijk dat je met een koninklijk buiten te maken hebt. Zo leidt een grote triomfboog van het trappenhuis naar het vergulde hek van de zogenaamde Buytensael. Deze tuin werd meer beschouwd als openbare ruimte naast de tuinen voor privégebruik. Ook de toegepaste trompe-l'oeils en het gebruik van natuurlijke tinten als bruin en groen passen in een buitenpaleis. Met het gebruik van deze kleuren wordt tevens de hiërarchie in het wonen onderstreept. Het echte marmer, wit en goud waren voorbehouden aan de hoofdresidenties.

De trompe-l'oeil op de eerste verdieping van de grote hal met Diana, godin van de jacht, verbeeldt de gedroomde mystieke wouden vol edelherten en eeuwenoude zware loofbomen. Dit prachtig geschilderde natuurtafereel leidt de bezoeker als het ware de jachtvelden in.

Iets wat ik ontroerend mooi vind, zijn de balusters van de trappen in de hal. Deze bolvormige houtsnijwerken zijn met zo veel oog voor detail gemaakt dat ik er uren naar kan kijken. Je ziet echt de hand van de schrijnwerker en de schilder. Eerlijk ambacht en handwerk spreken mij sowieso erg aan en wat dat aangaat raak je op Het Loo nooit uitgekeken.

When you enter the big hall of Het Loo it is abundantly clear that you have come into a royal country house. There is, for example, a large triumphal arch which leads from the staircase to the gilded gate giving access to the so-called Buytensaal (outside hall). This garden was considered mainly as a public space next to the gardens for private use. The trompe l'oeils and the use of natural colours such as brown and green are appropriate for an outside palace. By using these colours a hierarchy of residences was also emphasized. The real marble, white and gold were reserved for the main residences.

The trompe l'oeil on the first floor of the great hall with Diana, goddess of the hunt, depicts the dreamed-of mystical woods full of deer and centuries' old heavy broad-leaved trees. This beautifully painted natural scene seems to lead the visitor into the hunting fields.

Something which touches me deeply with its beauty is the sight of the balusters of the staircase in the hall. These spherical wood carvings have been crafted with such an amazing eye for detail that I could just stand and look at them for hours on end. You can really see the hand of the cabinet maker and the painter. Honest craftsmanship and handiwork always particularly appeal to me and you will never run out of things to look at in Het Loo if you love them.

Een ander voorbeeld van prachtig schrijnwerk zijn de deurlijsten in de Cleerkamer van Mary II Stuart die bovendien vol symboliek zitten. De geschilderde houten eikenbladeren, laurierbladeren en oranjebloesem staan symbool voor vruchtbaarheid. Mary II Stuart moest dus 'bloesemen', ofwel kinderen baren!

Het bed in de Cleerkamer van Mary II Stuart is ook puur vakwerk. Hier zie je niet alleen de hand van de schrijnwerker, maar ook die van de textielbewerker die met passementerie, franje en damast voor een feest van textiel zorgde.

Another example of exquisite cabinetwork is the door casings in Mary II Stuart's dressing room (de Cleerkamer) which also teem with symbolism. The painted wooden oak leaves, laurel leaves and orange blossom stand for fertility. The hope was that Mary II Stuart should 'blossom', that is bear children!

The bed in Mary II Stuart's dressing room is also pure craftsmanship. Here you do not only see the hand of the cabinet maker at work but also that of the textile worker who provided a real feast of textile with trimmings, fringes and damask.

In het Cabinet van Mary II Stuart vonden we deze amusante Moor: een vaas in de vorm van een man met tulband. Dit is er één van een stel. In de schouders zitten drie gaten, in het midden van het hoofd één gat. Ze zijn gemaakt door Lambertus van Eenhoorn, De Metalen Pot (1691-1721). Dit type vaas werd in zijn tijd nog geen tulpenvaas genoemd, dat is een echt negentiende-eeuwse term. Er werden dan ook niet alleen tulpen in gestoken.

Wat mij ook altijd opvalt op Het Loo zijn de mooie oude systemen voor de valgordijnen die je in diverse ruimtes tegenkomt. Niemand kon deze mooier restaureren - en in enkele gevallen vernieuwen - dan de helaas in 2002 overleden Jan Ruijs.

In Mary II Stuart's Cabinet we found this amusing Moor, a vase in the shape of a man wearing a turban. This is one of a pair. There are three openings in the shoulders and there is one in the middle of the head. They were produced by Lambertus van Eenhoorn at De Metalen Pot (1691-1721). This type of vase was not called a tulip vase at that time as that is a typically Nineteenth Century term. This meant that they were not only used to stick tulips in.

The other thing which always strikes me at Het Loo is its beautiful old mechanisms for the blinds which you see in the various rooms. Nobody was able to restore and in some cases renovate them as exquisitely as Jan Ruijs who sadly died in 2002.

Aan het vergulde en verzilverde houten daybed in de Cleerkamer van Mary II Stuart kun je zien dat dit soort luxe meubelen aanvankelijk vooral in echt goud en zilver werd gemaakt. Het blauwe fluweel is van zo'n prachtige sleetsheid dat hier de woorden 'shabby chic' zeer op hun plaats zijn. Het daybed dateert uit omstreeks 1690.

Iets wat in mijn ogen meer naar kitsch neigt, is het stoffen krukje dat gestapeld hout moet voorstellen. Ik verbaasde me er eigenlijk elke keer over als ik het paleis bezocht, maar weet sinds kort van Paul Rem, de conservator van Paleis Het Loo, dat het een zogenaamd herderskrukje is dat koningin Emma aan haar echtgenoot Willem III heeft gegeven. Het herderskrukje bestaat uit staven die met fluweel en zijde zijn bekleed. Bij nader inzien dus toch wel een country chic cadeau…

Looking at the gold and silver-plated wooden daybed in Mary II Stuart's dressing room you can see that this kind of luxurious furniture had initially been produced using real gold and silver. The blue velvet is so wonderfully worn that the term shabby chic applies perfectly. The daybed dates back to around 1690.

Something which to me looks rather kitsch is the little stool made to look like stacked up logs of wood. To be honest, I wondered about it every time I visited the palace but in the meantime I have found out from Paul Rem, the curator of Paleis Het Loo, that it is a so-called shepherd's stool which Queen Emma gave her husband William III. The shepherd's stool is made up of staves covered in velvet and silk. So on closer inspection it actually turns out to be quite a country chic kind of present...

Mary II Stuart, de Engelse vrouw van Willem III, had een passie voor bloemen. De barokke stijl van bloemschikken die vroeger op Het Loo werd toegepast, wordt nog steeds gekoesterd.

Mary II Stuart, William III's English wife, was passionate about flowers. The baroque style of flower arranging used at Het Loo in the past is still cherished.

Voor mij is de zit-slaapkamer waar prinses Juliana haar jonge jaren doorbracht een bijzondere ruimte. De kamer geeft tegelijkertijd een goed beeld van de stijl van wonen van die tijd. Je zou het gematigd art deco kunnen noemen. Vooral het handbedrukte behang vind ik beeldschoon. Je ziet gewoon de prins op het witte paard op de muur voorbijkomen! Het ontwerp is van Henri Dufy, de broer van de beroemde Raoul Dufy. De stoelen komen - simpelweg - uit de catalogus van Pander. Een aardig object in deze kamer is het klokje met de twee paardenkoppen. Het klokje stond altijd in de jachtkamer van prins Hendrik, maar is na zijn overlijden door zijn dochter Juliana naar haar eigen kamer meegenomen.

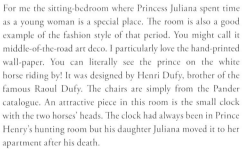

For me the sitting-bedroom where Princess Juliana spent time as a young woman is a special place. The room is also a good example of the fashion style of that period. You might call it middle-of-the-road art deco. I particularly love the hand-printed wall-paper. You can literally see the prince on the white horse riding by! It was designed by Henri Dufy, brother of the famous Raoul Dufy. The chairs are simply from the Pander catalogue. An attractive piece in this room is the small clock with the two horses' heads. The clock had always been in Prince Henry's hunting room but his daughter Juliana moved it to her apartment after his death.

Roodselaar

Nieuw landgoed met sfeer

Tijdens een van mijn Open Deur-dagen ontmoette ik een familie die ter plekke het interieur van hun landgoed in aanbouw wilde doornemen. Ze hadden alle tekeningen meegenomen en waren heel duidelijk over het gewenste interieur: 'We willen de sfeer van een oud huis, eigenlijk de sfeer van uw huis.' Na diverse gesprekken werd toch duidelijk dat dit landgoed een heel eigen aanpak nodig had, omdat er bijvoorbeeld geen rekening hoefde te worden gehouden met honden en paarden, zoals bij mij thuis het geval was.

In Nederland worden momenteel veel nieuwe landgoederen gesticht om de landschappelijke en ecologische kwaliteit van het landelijk gebied te versterken. Veelal zijn dit voormalige agrarische bedrijven die omgevormd worden tot landgoederen. Centraal in het halfopen landschap van de Gelderse Vallei ontstond zo ook Roodselaar, een U-vormig nieuw landgoed dat uit een kern van drie landhuizen bestaat die middels muren met elkaar verbonden zijn. Mij werd gevraagd om in een van de 'poten van de U' een interieur te creëren dat een warme en toch eigentijdse sfeer moest krijgen en vooral niet te donker moest worden. Het was voor mij even puzzelen om hier een goede invulling voor te bedenken omdat alles qua bouw al helemaal vaststond; er was dus geen ruimte meer voor bouwkundige veranderingen of aanpassingen.
Ik koos er uiteindelijk voor om de hal en het trappenhuis - die beide geheel van beton waren gemaakt - een wat doorleefdere uitstraling te geven door de trappen zwart te laten maken en er ogen in te laten zetten zodat er roedes en een kokos traploper konden komen. Nu is de koelheid van het beton geheel verdwenen en oogt het, mede door de blakertjes, heel gezellig.

«««««««««««««««««««««««««««««««««««««««

A New Country Estate with Character

During one of our Open Doors days I met a family who were keen, there and then, to go through the interior design of their country estate under construction. They had brought all the drawings and had very clear ideas about what they wanted for the interior: 'We want it to feel like an old house, actually we want it to feel like your house.' After a few meetings it became clear, however, that their country estate needed an individual approach because they didn't have the problem of accommodating dogs and horses which we had had.

Currently a large number of new country estates are being created in the Netherlands in order to enhance the natural beauty of the landscape and to increase the ecological quality of the countryside. Often these are former agricultural businesses which are converted into country estates. This is also how Roodselaar, located in the central part of the Gelderse Vallei area of fields enclosed by hedges, was created. Roodselaar is a U-shaped new country estate which consists of a core of three country houses with adjoining walls. I was asked to create a warm yet modern atmosphere by designing an interior for the uprights of the U-shape and was given the express instruction to make sure it wouldn't be too dark. It was quite a challenge for me to work out how to include these instructions in my design as in terms of the structure everything was definite so there was no room for structural changes or adaptations. In the end I chose to give the hall and the staircase which were both made entirely of concrete a lived-in feeling by painting the stairs black and attaching eyes for the rods and the coir stair carpet to be fitted. Now that cold concrete feeling has completely gone and partly thanks to the sconces it looks really cozy.

De ruimtes op de begane grond staan met uitzondering van de keuken in open verbinding met elkaar. Om de zitkamer toch een wat intiemere sfeer te geven, zijn de wanden behandeld met kalkverf. Dit geeft meteen een 'ouder' effect. De direct aangrenzende tuin-eetkamer ligt op het zuiden en is daarom vrij licht gehouden. De lichte tint is dezelfde als die op het plafond, zodat het geheel rustig blijft. Voor de blinds koos ik stof uit de collectie van William Morris. Deze oude prints zijn opnieuw uitgebracht en kleuren prachtig bij de bruine zijde van het kleed op de tafel. Deze kamer is een heerlijke lichte plek, vooral in de ochtenduren, wanneer de zon hier volop aanwezig is.

Apart from the kitchen all the downstairs rooms are inter-connected. To give the sitting room a slightly more intimate feeling the walls were treated with lime wash. This immediately gives an aging effect. The dining room which overlooks the garden is south-facing and has therefore been kept fairly light. The same light colour has been used on the walls and on the ceiling which makes the room feel peaceful. For the blinds I chose material from the William Morris Collection. These old prints have been re-launched and match the colours of the brown silk of the cloth on the table beautifully. This room is a wonderfully light space, especially in the morning when the sun comes streaming in.

Doordat de keuken wat lager ligt dan de aangrenzende zit- en studeerkamer heeft de ruimte een behoorlijke hoogte.
De imposante antieke kroonluchter van geweien komt mede hierdoor prachtig uit. Warme antieke objecten vind ik sowieso een must als je een wat oudere, doorleefde look wilt creëren. De losse, nonchalante uitstraling van de geruite blinds past helemaal in deze landelijke keuken.
De stof is uit de collectie van Ralph Lauren. De twee antieke jachttableaus zijn van Jan Kiefer en vormen samen met de antieke meat covers een prachtig stilleven.

As the kitchen is slightly lower than the adjacent sitting room/study it has quite a high ceiling. This also ensures that the impressive antique chandelier made from antlers is displayed to its best advantage. In any case I think warm antique objects are of the essence if you want to create a sense of age and that lived-in feeling.
The checked blinds exude a relaxed and casual atmosphere which absolutely fits in with this country kitchen. The material is from Ralph Lauren's collection. The two antique hunting scenes were painted by Jan Kiefer and together with the antique meat covers present a beautiful still life.

De tuin bij het landgoed heb ik eveneens ontworpen. En hoewel nog jong, kon er in het eerste jaar al volop van de 'Rosa Eglantyne' worden geplukt.

In de woonkamer werd een antieke sobere schouw van zandsteen geplaatst. De glans van de bruine zijde geeft de kamer een rijke uitstraling. De antieke bronzen Venus van Milo vormt samen met de zachtroze rozen en het oranje van de negentiende-eeuwse stoeltjes een spannend plaatje.

I also designed the garden for the estate. And although it was only planted fairly recently it was possible, even in its first year, to pick masses of Eglantyne roses.

In the living room there is a sober antique fire place made of sandstone. The luster of the brown silk gives the room a sense of opulence. The antique bronze Venus de Milo together with the soft pink roses and the orange of the Nineteenth Century chairs presents an exciting picture.

De studeerkamer van mevrouw is in een oude kleur groen geverfd. Het zachte oranje-roze in de blinds en de lampenkap geven de kamer sfeer en warmte. De blinds komen uit de collectie van Ralph Lauren. De boekenkasten werden speciaal op maat gemaakt. Er is bewust veel ruimte tussen de bovenkant van de kast en het plafond gehouden om niet te veel diepte uit de kamer te halen. Zo blijft de kamer ruim.

The lady of the house has had her study painted an old-fashioned green. The soft orange-pink of the blinds and the lampshade add atmosphere and warmth to the room. The blinds are from the Ralph Lauren collection. The bookcases were specially made to measure. It was a deliberate choice to leave a big space between the top of the cupboard and the ceiling in order to retain a feeling of depth. It makes the room seem larger.

De studeerkamer van de heer des huizes kreeg een roodpaarse kleur. De Afghaanse kelim zorgt voor de juiste sfeer. Omdat deze ruimte aardig donker is, zijn de blinds vrij transparant gehouden.

Voor de gewenste grote garderobe bleek de ruimte tussen de slaapkamer en de badkamer een prima plek. De garderobe werd op maat gemaakt, evenals alle andere kasten in het huis.

The master of the house's study was painted a reddish purple colour. The Afghan kilim provides just the right kind of atmosphere. Because this area is quite dark, the blinds have been kept fairly transparent.

The space between the bedroom and the bathroom proved to be the perfect place for the large wardrobe which had been requested. The wardrobe was made to measure along with all the other cupboards in the house.

Remaisnil
Voormalig buitenhuis van de Ashley's

In het noorden van Frankrijk, in Picardië, ligt het kasteel Remaisnil dat Laura Ashley in 1978 samen met haar man Bernard kocht. Ze gebruikten het als buitenhuis én als decor om de internationale pers in te ontvangen. Ruim dertig jaar later leven de huidige bewoners nog steeds in Ashley-stijl als eerbetoon aan de wereldberoemde vorige bewoonster die het huis met zo veel liefde en zorg aankleedde.

Het magnifieke kasteel Remaisnil werd in 1760 gebouwd in rococostijl met de kenmerkende asymmetrische lijnen en zachte pasteltinten.

Mijn eerste kennismaking met Laura Ashley was in 1975. In dat jaar werd de eerste Nederlandse winkel geopend in Amsterdam en mijn vriendin en ik waren helemaal door het dolle heen. Dít was wat wij wilden! We plunderden zo ongeveer de hele winkel leeg en de gordijnen tussen onze paskamers bolden zó op dat de winkeljuffrouwen extra gordijnen opentrokken om onze paskamer te vergroten. We voerden een compleet Engels kostuumdrama op.

Laura Ashley's former country estate

In the North of France, in Picardy, lies Remaisnil Castle which Laura Ashley bought together with her husband Bernard in 1978. They used it both as a family home and as a venue to receive the international press. More than thirty years later the current owners continue to live in the Laura Ashley style in honour of the world famous former inhabitant who furnished the house with such love and care.

The magnificent Remaisnil Castle was built in 1760 in Rococo Style with the characteristic asymmetrical lines and soft pastel colours.

The first time I met Laura Ashley was in 1975. That was the year when the first Laura Ashley shop had been opened in the Netherlands, in Amsterdam and my friend and I were delirious with joy. This is what we had been waiting for! We bought just about everything in the entire shop and the curtains of our changing rooms could not contain all the things we wanted to try on. The shop assistants offered to open up extra curtains so we had more room. We performed an entire English costume drama on the spot.

Toen ik dit verhaal jaren later vertelde op het Nederlandse hoofdkantoor van Laura Ashley - dat toen nog in Veldhoven zat - stond er plots een mijnheer op die iets verderop zat te werken. Hij vond het zo'n leuk en enthousiast verhaal dat hij mij vroeg of ik model wilde staan als 'Europese gebruikster' in hun jaarverslag. Dat vond ik natuurlijk reuze spannend allemaal en ik was apetrots toen ik het jaarverslag van 1993 kreeg thuisgestuurd met een paginagrote foto van mezelf erin.

When I was telling this story many years later while at Laura Ashley's head office in the Netherlands which at that time was still in Veldhoven, a gentleman who was working a couple of desks along suddenly got up. He liked my amusing and enthusiastic story so much that he asked me if they could use me as their 'European user' in their annual report. Of course, I loved the idea and I was incredibly proud when I received a copy of the annual report for 1993 with a page-sized photograph of myself in it.

Op datzelfde hoofdkantoor ontmoette ik mijn inmiddels zeer dierbare vriendin Gudrun van Engelen. Zij deed in die periode de pr voor continentaal Europa voor Laura Ashley en was dus de juiste persoon om mee te praten over deelname aan de Home & Garden Fair, wat vanaf 1991 ook gebeurde. De deelname aan de fair mondde uit in een jarenlange samenwerking met Gudrun, in eerste instantie vanuit Laura Ashley en enkele jaren later voor mijn eigen bedrijf, waarvoor Gudrun jarenlang de nationale én internationale pr verzorgde. Het voelde voor ons beiden dan ook heel bijzonder om voor dit boek samen naar 'het buiten van de Ashleys' af te reizen, het symbolische vertrekpunt van onze vriendschap.

De voormalige jachtkamer is rijkelijk voorzien van prachtige gestuukte jachttaferelen. De kleuren zijn zacht gehouden: duifblauw, zachtgrijs en groen. De versiering is - voor een jachtkamer - toch elegant. De huidige bewoners gebruiken Remaisnil hoofdzakelijk tijdens het jachtseizoen.

It was at that same head office that I met Gudrun van Engelen who in the meantime has become a very dear friend of mine. At that time she was in charge of the PR for Continental Europe for Laura Ashley and so she was exactly the right person to talk to about taking part in the Home & Garden Fair which Laura Ashley did, starting in 1991. Its participation in the fair resulted in many years of working together with Gudrun, initially while she was employed by Laura Ashley and several years later for my own company for which Gudrun took care of the national and international PR for many years. This is why it felt really special for both of us to travel to the Ashley's country estate, the symbolic starting point of our friendship, for this book.

The former hunting room is richly filled with beautifully crafted hunting scenes. Only muted colours have been used such as dove blue, soft grey and green. The decoration is elegant in spite of it being a hunting room. The current owners mainly use Remaisnil during the hunting season.

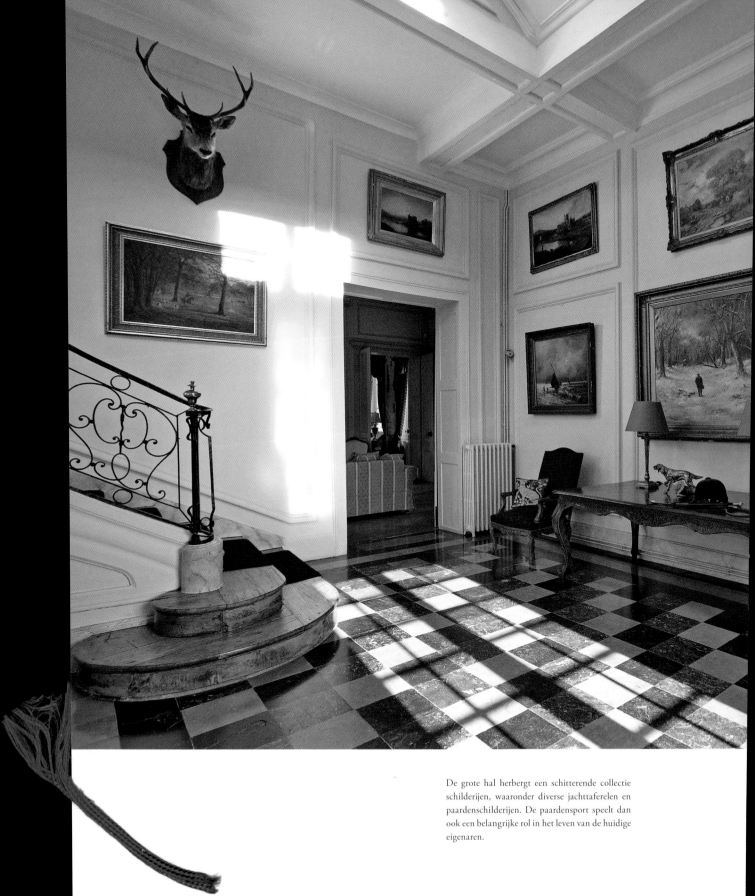

De grote hal herbergt een schitterende collectie schilderijen, waaronder diverse jachttaferelen en paardenschilderijen. De paardensport speelt dan ook een belangrijke rol in het leven van de huidige eigenaren.

The large hall houses a marvelous collection of paintings including several hunting scenes and paintings of horses. It is clear that equestrian sports play a large part in the current owners' lives.

In de salon paste Laura Ashley voor het eerst zijde toe, afgewerkt met schitterende passementerie en embrasses.

The drawing room was the first room in which Laura Ashley used silk, finished with fabulous braiding and tie-backs.

In de eetkamer zijn de pure pasteltinten uit de rococo-tijd nog origineel. De fantastische kachel van porselein en marmer in de nis geeft de kamer bijna een Scandinavische sfeer.

In the dining room the original pure pastel colours dating back to the Rococo period still remain. The fantastic fireplace made of porcelain and marble in the alcove gives the room an almost Scandinavian feeling.

Laura Ashley en haar man Bernard kochten Remaisnil in 1978, toen haar succes al buitengewoon groot was. Ze wilde het kasteel als familiehuis gebruiken én als centrum om de internationale pers te ontvangen en de exclusief ontworpen designer collectie te showen. De naam Laura Ashley stond synoniem voor het Engelse buitenleven, oude waarden en tradities, bloemetjesjurken, landelijke kleding, blouses met ruches én hooggesloten victoriaanse neklijnen. Iets dat alles te maken had met de levensgeschiedenis van Laura Ashley.

Laura Ashley wordt in 1925 als Laura Mountney geboren in het victoriaanse Wales. Ze groeit op in een vriendelijke maar uiterst religieuze omgeving waar de zondagochtenden meestal in de kerk in Wallington worden doorgebracht en de zondagmiddagen in het natuurgebied de Brecon Beacons, terwijl er flink wordt gediscussieerd over goed en kwaad en de natuur.

Tijdens de Tweede Wereldoorlog ontmoet ze Bernard met wie ze in 1949 trouwt.

Laura Ashley and her husband Bernard bought Remaisnil in 1978 when she was already phenomenally successful. She wanted to use the castle as a family home but also as a venue for receiving the international press and for showing off her exclusive designer collection. The name Laura Ashley was synonymous with English country life, old-fashioned values and traditions with its flowery dresses, country clothes, frilly blouses and high-fitting Victorian neck lines. All this was intimately bound up with Laura Ashley's own history.

Laura Ashley was born Laura Mountney in 1925, in Victorian Wales. She grew up in a friendly but extremely religious area where Sunday mornings were mostly spent in the church in Wallington and Sunday afternoons were spent walking in the beautiful Brecon Beacons where long discussions were conducted about good and evil and nature.

During the Second World War Laura met Bernard, whom she married in 1949.

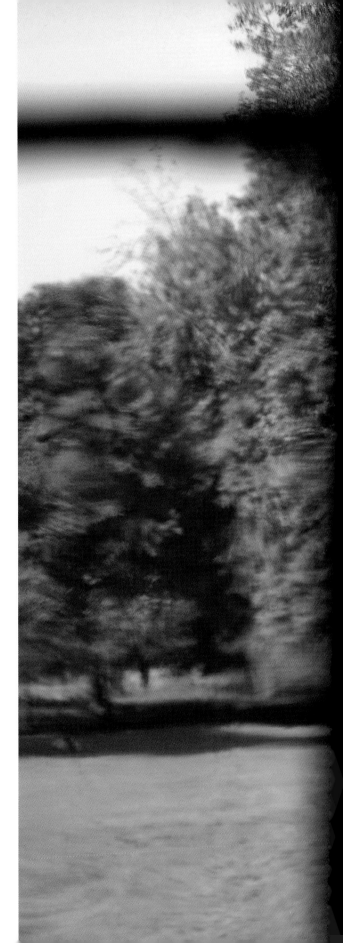

De start van haar wereldimperium begint eigenlijk in 1952 als ze een tentoonstelling bezoekt van het instituut voor vrouwen van traditioneel handwerk. Hier ziet ze de prachtigste borduurwerken, handgedrukte stoffen, patchworks en quilts en raakt ze geïnspireerd om zelf quilts te gaan maken. Ze gaat op zoek naar mooie stofjes, maar vindt bijna geen patroontjes die ze geschikt vindt voor het patchwork. Eenmaal thuis besluit ze dan maar zelf stofjes te gaan bedrukken. Ze haalt diverse boeken over druktechnieken bij de bibliotheek en Bernard maakt eigenhandig het eerste frame. Zo worden in hun eerste flatje in Pimlico op de keukentafel de eerste theedoeken en hoofddoekjes gedrukt die het begin zijn van een succes dat zijn weerga niet kent.

De slaapkamers op Remaisnil hebben allemaal een naam. De slaapkamer van Laura Ashley doet qua aankleding helemaal recht aan de stijl van het huis. De zachte tinten maken deze kamer lieflijk, de geweldige ornamenten zorgen tegelijkertijd voor een vrolijke, frivole uitstraling.

The real start of her worldwide emporium was in 1952 after visiting the Women's Institute handwork exhibition. There she saw the most beautiful embroidery, hand-printed material, patchwork and quilts and she was inspired to start making her own quilts. She started looking for pretty materials but couldn't really find any patterns suitable for making patchwork. When she got back home she decided that the only solution was to start printing her own material. She borrowed a number of books about printing techniques from the library and Bernard built her her first frame. There, in their first little flat in Pimlico, the initial tea towels and head scarves were printed using their kitchen table and they were the beginning of an unparalleled success.

The bedrooms at Remaisnil all have names. Laura Ashley's bedroom absolutely does justice to the style of the house in terms of its furnishings. The soft hues give this room a feeling of sweetness while the fabulous ornaments lend it a cheerful, frivolous feeling.

Op Remaisnil is het interieur nog bijna geheel in Ashley-stijl. Dit als gebaar van respect van de huidige bewoners naar Laura Ashley, die het huis met zo veel zorg aankleedde. Het feit dat de huidige bewoners nog zo genieten van het Laura Ashley-interieur op Remaisnil, zou Laura vast geweldig hebben gevonden, getuige dit prachtige tekstje van haar hand uit 1973:

I don't like ephemeral things. I like things that last forever… like the straw hat you are fond of, and wear all your life.

At Remaisnil the interior is still almost entirely in Laura Ashley style. This is a mark of respect by the current owners for Laura Ashley who furnished this house with such loving care. The fact that the current owners still love the Laura Ashley interior at Remaisnil so much would have given Laura huge pleasure, as witnessed by this lovely little text she wrote in 1973:

I don't like ephemeral things. I like things that last forever… like the straw hat you are fond of, and wear all your life.

Het Ruigezand
Bos en water ontmoeten elkaar

De eerste keer dat ik naar Het Ruigezand reed, was de weg ernaartoe niet te vinden geweest zonder de nauwkeurige beschrijving van de heer des huizes. Dwars door het bos en via een zandpad kwam ik uiteindelijk bij de prachtige villa, met een fantastisch zicht over het water.

In eerste instantie ging ik alleen naar Het Ruigezand om te kijken hoe de tafel stond die de eigenaar via mij had aangekocht. Uiteindelijk heb ik samen met de eigenaar zowel een nieuwe invulling aan het bijgebouw op het terrein gegeven als een groot deel van het interieur van het hoofdgebouw aangepast. Ik was direct erg onder de indruk van deze werkelijk fantastische plek. De villa ligt pal aan 'de IJzeren Man', een meer dat eind negentiende eeuw - zoals zo veel meren, vijvers en kanalen uit die tijd - geheel handmatig is uitgegraven, bij wijze van werkgelegenheidsproject. De villa zelf werd in 1951 gebouwd.

Paarden spelen een grote rol op landgoed Het Ruigezand. Andalusische met hun vierkante barokke bouw en vriendelijke karakter genieten de voorkeur. De paarden zijn toevertrouwd aan de dagelijkse zorg van Iris, de rechterhand van de heer des huizes.

Where Woods and Water Meet

The first time I drove to Het Ruigezand I wouldn't have found it had it not been for the detailed directions provided by the master of the house. Right through the woods and over a sandy path I eventually arrived at the beautiful villa, with a fabulous view over the water.

Initially I had only gone to Het Ruigezand to see the table which I had helped the owner choose. Together with the owner I ended up giving the outhouse in the grounds a new purpose as well as redesigning a large part of the interior of the main building. I was immediately very impressed by this truly fabulous place. The villa is located just beside 'The Iron Man', a man-made lake which was created, as so many lakes were at the time, as part of a Nineteenth Century employment project. The villa itself dates back to 1951.

Horses play an important role on Het Ruigezand estate. Andalusian horses with their square baroque build and friendly nature are dear to the owner's heart. Iris is in charge of the daily care for the horses; she is an enormous support to the master of the house.

Het bijgebouw was in eerste instantie gebouwd om een besloten binnenhof te creëren, maar had verder nog niet echt een functie. De eigenaar wilde er het liefst én koken én er een tweede zadelkamer voor de paarden van maken. En zo gebeurde het ook: het bijgebouw kreeg een dubbele functie. Er kwam een buitenkeuken en een mooie ruimte voor de zadels. De bijzondere poort van hout in combinatie met ijzer werd speciaal door mij ontworpen in samenspraak met de heer des huizes.

The outhouse had originally been built in order to create a walled inner court but didn't actually have a specific purpose in its own right yet. The owner was keen to have a space to both cook in and to have a second saddle room for the horses. So that is what we did. The outhouse was designed for this dual purpose. Both a new outside kitchen and an attractive space for the saddles were created. In consultation with the owner I specially designed the unusual gate made of wood in combination with iron.

Er kwam een sobere keuken met betonnen muurtjes die afgewerkt werden met een fijne stuclaag, zogenaamde Tadelakt. Dit werd gedaan door de Belgische tweeling Katrien en Liesbet van Segers Interieur & Decoratie uit Antwerpen, die voor het bewerken en patineren van muren een zeer gespecialiseerd bedrijf hebben opgezet.

De afzuigkap, handgrepen en deurgrepen werden allemaal handmatig gesmeed en op maat gemaakt. Dit gold ook voor de houten poort tussen het huis en de stallen. Timmerman Frans Dumaine maakte in samenwerking met smederij Oldenhave de houten poort met ijzeren onderdelen.

A sober kitchen with low concrete walls finished with a fine layer of plaster, so-called Tadelakt, was constructed. This project was carried out by the Belgian twins Katrien and Liesbet of Segers Interior & Decoration in Antwerp, who run a highly specialized company for the treatment and application of patina to walls.

The extractor fan, cupboard and door handles were all forged by hand and made to measure. The wooden door between the house and the stables was also hand-crafted and made to measure. Carpenter Frans Dumaine made the wooden door with its iron parts with the help of the Oldenhave smithy.

De keuken is in zachtgrijsgroen geverfd. De zware linnen blinds kleuren prachtig bij de oude witjes en ook het tin met zijn sobere, pure uitstraling past hier heel goed.

The kitchen was also painted a soft grey green. The heavy linen blinds look wonderful with the old-fashioned white tiles, as does the pewter which lends a sober and pure feeling to the room.

In het huis miste de eigenaar warmte en sfeer. Ikzelf miste een eetkamer in deze toch zeer riante villa. Aangezien de ruimte tussen de keuken en de woonkamer nagenoeg leeg was, kon deze hier prima voor dienen. De vloer van oude ijsselsteentjes was reeds aanwezig. Er zijn vele telefoontjes en bezoeken aan antiquairs aan voorafgegaan voordat we uiteindelijk deze perfecte blauwgrijze servieskast vonden. De tint van de kast kleurt geweldig bij de vloer. De hoge stoelen kregen hoezen in zachtblauw en grijs. Het servies, dat er eveneens perfect bij past, vonden we bij toeval precies vier weken nadat we de kast kochten.

In the house itself the owner felt a lack of warmth and atmosphere. I personally felt that what was lacking was a dining room in what is after all a very spacious villa. In view of the fact that the area between the kitchen and the living room was almost empty, this seemed the perfect spot for it. We already had a floor made of traditional bricks. There were many phone calls and trips to antique shops before we finally found this perfect blue-grey china cabinet. The colour of the cabinet matches the floor beautifully. The high-backed chairs were covered with a soft blue and grey material. Four weeks exactly after we had bought the cabinet we happened to find exactly the right dinner service which matched it perfectly.

In de woonkamer vond ik het belangrijk dat er een grote schouw zou komen. Deze vonden we met veel moeite in België. De schouw, hoewel origineel, was in twee kleuren geschilderd. De boezem was zachtgrijs-groen en de schouw zelf meer paarsgroen. Om meer eenheid te krijgen, probeerden we diverse kleuren op de achterwand, maar kregen niet het gewenste resultaat. Op een dag, na het zoveelste kleurenexperiment, had ik er schoon genoeg van en heb de heer des huizes gebeld met de vraag of hij vertrouwen had in mijn goede smaak. 'Natuurlijk', antwoordde hij. Ik hing snel op, belde de Belgische tweeling en patineerde met hen nog diezelfde dag de gehele schouw. We waren werkelijk uren bezig en mengden van alles door elkaar, tot aarde uit de tuin aan toe. Het resultaat was perfect en de heer des huizes was razend enthousiast.

I thought it was important that there should be a large fireplace in the living room. After a great deal of searching we found what we were looking for in Belgium. Although the fireplace was original, it had been painted in two different colours. The chimney breast had been painted a kind of soft greyish green and the fireplace itself was more of a purple green. In order to create more of a sense of unity we tried various colours on the back wall but failed to achieve the desired result. One day, having tried too many colour combinations to mention, I was thoroughly tired of the whole thing and phoned the master of the house to ask him whether he trusted me. He said that of course he did. I quickly put the phone down and called the Belgian twins and that very same day the three of us worked together at applying patina to the entire fireplace. It literally took us hours and we mixed all kinds of things together including earth from the garden. The result was utter perfection and the master of the house was thrilled.

Het prachtige zeventiende-eeuwse schilderij met boslandschap komt bij Axel Vervoordt vandaan en is toegeschreven aan een leerling van Paul Bril. De tafel eronder is eveneens uit de zeventiende eeuw en komt bij Grande Antiek vandaan. De liggende hinde op de zilveren bowl-schaal staat prachtig op het donkere fluwelen kleed.

The beautiful Seventeenth Century painting of a woodland came from Axel Vervoordt's studio and has been attributed to one of Paul Bril's students. The table below it is also a Seventeenth Century piece and came from 'Grande Antiek'. The figure of the doe lying down on top of the silver bowl dish looks wonderful on the dark velvet cloth.

De liefde voor paarden is ook binnenshuis duidelijk zichtbaar, getuige de paardenschilderijen die gedurende dit project werden verzameld. Een verzameling aanleggen is een leuke en interessante bezigheid. Elk schilderij heeft zo'n eigen verhaal en het bracht ons naar allerlei leuke mensen en adressen. De verzameling is nog niet compleet, maar er is een goed begin gemaakt.

The love of horses is also displayed inside the house as evidenced by the paintings of horses which were collected in the course of this project. Starting a collection is an enjoyable and interesting pastime. Every painting has its own story and in looking for these paintings we discovered many fascinating people and places. The collection is not complete yet but we made a good start.

De studeerkamer werd in mahoniekleur geschilderd. De gordijnen komen uit de collectie van Ralph Lauren. De antieke kelim die wij in Den Bosch vonden, kleurt hier heel goed bij.

De slaapkamer werd in groenblauw geverfd. Door het aanbrengen van een bedhemel krijgt de kamer, die aan één kant schuin weg-loopt, veel meer hoogte. De stoffen voor de hemel komen beide uit de collectie van Ralph Lauren. Het bont van de sprei komt uit de collectie van Pierre Freij. Onder het bed ligt een oude Aubusson.

The study was painted a mahogany colour. The curtains are from the Ralph Lauren collection. The antique kilim which we found in Den Bosch matches them well.

The bedroom is a greenish blue colour. By putting in a canopy over the bed the room which slopes at one side is given a greater sense of height. The materials used for the canopy are both from the Ralph Lauren collection. The fur of the bedspread is from the Pierre Freij collection. Under the bed there is an old Aubusson.

Het werken met de eigenaar van Het Ruigezand bleek zowel voor hem als voor mij een ware uitdaging: leuk, maar soms zeer vermoeiend. Mijn opdrachtgever bleek sterk van de getalmatige verhoudingen te zijn. Hij verwees daarbij vaak naar de Bossche School en riep steevast: 'Ik ben van de verhoudingen en de maatvoering.' Waarop ik hem meestal pareerde met mijn vaste slogan: 'Ik ben van mooi en lelijk en voor sfeer.' Toch zijn we er beiden van overtuigd dat we juist door die botsingen tot heel mooie resultaten zijn gekomen.

Working with the owner of Het Ruigezand turned out to be a real challenge for both of us. It was fun but sometimes extremely tiring. It turned out that he was a man who is a strong believer in mathematical proportions. He tended to refer to the 'Bossche School' stream of thought and was always saying: 'I believe in proportions and measurements.' To which I usually replied with my set slogan: 'I believe in beautiful and ugly and am in favour of atmosphere.' And yet we are both convinced that these clashes were a large part of the success of the enterprise.

Standen
Een van de best bewaarde
interieurs van William Morris

Zo'n twintig jaar geleden bezocht ik voor het eerst Kelmscot, het privéhuis van de wereldberoemde negentiende-eeuwse ontwerper William Morris. Ik was direct helemaal weg van zijn stijl en werk, en verdiepte me in de arts-and-craftsbeweging waarvan hij geestelijk vader was. Op deze manier ontdekte ik een van de best bewaarde interieurs van zijn hand: Standen.

Standen ligt op een werkelijk prachtige plek in West Sussex te midden van glooiende heuvels. Het huis werd in 1892 door architect Philip Webb gebouwd in opdracht van de Londense advocaat Beale en zijn grote familie. Webb, een van de beste vrienden van William Morris, introduceerde hem - met succes - voor het interieur. Behalve ontwerper was William Morris ook geëngageerd socialist, schrijver en dichter. Zo creëerde hij onder invloed van de kunst- en maatschappijcriticus John Ruskin een socialistisch systeem. Dit systeem was voornamelijk op kunst gericht. Zo ontstond de arts-and-craftsbeweging, een op het socialisme geïnspireerd kunstideaal. William Morris wilde kunst die voor en door het volk gemaakt werd. Hij was echter realistisch genoeg om in te zien dat het gewone volk zich geen ambachtelijk gecreëerde voorwerpen kon veroorloven. Hij probeerde dit te compenseren door de arbeiders in zijn atelier van goede werkomstandigheden te voorzien. Zijn ideaal was echter een maatschappij zonder klassenonderscheid.

One of the William Morris'
Best Kept Interiors

It was about twenty years ago that I first visited Kelmscot, the private home of the world-famous Nineteenth Century Designer William Morris. I was immediately captivated by his style and his work and started to look into the arts and crafts movement of which he was the spiritual father. This is how I discovered one of the best kept interiors designed by him: Standen.

Standen really is in the most beautiful place in West Sussex surrounded by undulating hills. The house was built in 1892 by the architect Philip Webb for Beale who was a lawyer from London and his large family. Webb, one of William Morris' best friends suggested to Beale that he use Morris for the interior design of the house and he did. As well as being a designer William Morris was also a committed socialist, writer and poet. One of the things he did was to create a socialist system under the influence of the art and social critic John Ruskin. This system was mainly focused on art. This is how the arts and crafts movement was created which was an artistic ideal inspired by socialism. William Morris was keen on art created for and by the people. He was, however, realistic enough to see that the ordinary people wouldn't be able to afford objects created by craftsmen. He tried to compensate for this by providing the employees in his studio with good working conditions. But his ideal was a society without class divisions.

Vanuit het zogenaamde romantisch socialisme wees de arts-and-craftsbeweging de gemechaniseerde productie af en riep het beeld van de ambachtelijk ideale middeleeuwen op. De beweging was van mening dat handwerk, verantwoord materiaalgebruik en een logische constructie uitermate belangrijk waren en dat de industriële revolutie de middeleeuwse ambachten verdreven had. Voorwerpen die industrieel gecreëerd werden, waren in hun ogen van slechte kwaliteit en zielloos. Om die reden richtte William Morris in 1861 Morris & Co. op, een werkgemeenschap op basis van de middeleeuwse gildes die een platform vormde voor verscheidene middeleeuwse ambachten, waaronder het ontwerpen van glasramen, het maken van meubilair, borduurwerk en behang.

Starting from so-called romantic socialism the arts and crafts movement rejected mechanized production and evoked the medieval image of ideal workmanship. The movement believed that handiwork, responsible use of materials and a logical construction were extremely important and that the industrial revolution had driven away the medieval trades. They were of the opinion that objects which had been made by industrial means were of a bad quality and soulless. This is why William Morris founded Morris & Co in 1861 which was a working community based on the medieval guild system, creating a platform for the various medieval trades including the design of stained-glass windows, the making of furniture, embroidery and wallpaper.

Van de huizen die William Morris heeft ingericht, vind ik Standen het meest bijzonder omdat het simpelweg het best bewaarde interieur van zijn hand is. Zowel vloer- en wandtapijten als stoffen, meubels, behang, smeedwerk en keramiek zijn van zijn hand en werden uiteraard allemaal uitgevoerd volgens de hoge standaard van Morris & Co.

Uit de wereldberoemde stoffen- en behang-motieven die je overal op Standen ziet, wordt direct duidelijk dat de natuur een onuitputte-lijke inspiratiebron voor William Morris was. Zijn passie en liefde voor de natuur ontdekte hij al in zijn vroege jeugdjaren te midden de fantasierijke bossen van Epping Forest. De familie Morris bewoonde daar Woodford Hall, een prachtige Palladian Villa.

Of all the houses which William Morris designed I think Standen is the most special because it is simply the best preserved interior he designed. The carpets and tapestries, the furniture, wallpaper, fretwork and ceramics were all designed by him and were obviously all produced in accordance with Morris & Co's high standards.

From the world-famous materials and wall-paper designs which you see everywhere at Standen it becomes immediately obvious that the beauty of nature was an inexhaustible source of inspiration for William Morris. He had discovered his passion and love of nature very early on when he was a little boy growing up in the imagination-inspiring Epping Forest. There the Morris family lived in Woodford Hall which was a beautiful Palladian Villa.

Ook het kleurgebruik op Standen is sterk geïnspireerd op de natuur, evenals de prachtig beklede stoelen en gordijnen met bloem- en bladvormen. Het ambachtelijke, eerlijke handwerk vind je onder meer terug in de speciaal voor Standen ontworpen collectie lampen. In de serre van Standen zijn nog typisch edwardiaanse kamerplanten te vinden zoals bougainvillea, oleander en plumbago.

Ook zijn er op Standen nog verschillende geborduurde wandtapijten te vinden van de vroegere bewoners. Margaret Beale en haar dochter waren namelijk zeer getalenteerde dames als het op borduren aankwam. Zij waren zeer geïnspireerd door de ontwerpen van William Morris en maakten aan de hand daarvan deze prachtige wandtapijten.

The use of colour at Standen is also greatly inspired by the outdoors, as are the beautifully covered chairs and the curtains with their flower and leaf patterns. You will recognize the traditional, honest handcraft, among other things, in the collection of lamps specially designed for Standen. In the conservatory at Standen you can still find typically Edwardian indoor plants like Bougainvillea, Oleander and Plumbago.

You will also find various embroidered tapestries at Standen which belonged to former owners. As it happened, Margaret Beale and her daughter were particularly gifted embroiderers. They were greatly inspired by William Morris' designs and using them they made these fabulous tapestries.

'Have nothing in your houses which you do not know to be useful or believe to be beautiful'
William Morris (1834-1896)

Montana
Nieuw huis zonder verhuizing

Al bij de eerste kennismaking met de bewoners van Villa Montana in Apeldoorn werd ik deelgenoot van hun dilemma: het huis verkopen en ergens anders opnieuw gaan bouwen óf de bestaande woning volledig verbouwen. Het werd uiteindelijk het laatste. Ze waren zo gehecht aan hun prachtige plek in een royale boswijk dat ze er het liefst wilden blijven wonen.

Er was vooral behoefte aan meer beslotenheid en warmte. In de oorspronkelijke situatie stonden de kamers op de gehele benedenverdieping in open verbinding met elkaar. Het huis werd daarom grootscheeps verbouwd en opnieuw ingedeeld. Dit had nogal wat voeten in de aarde, temeer doordat er tegelijkertijd een nieuw gedeelte aan het huis werd gebouwd voor een extra slaapvertrek, garderobe, badkamer en berging.

De vloeren van de hal, keuken, eetkamer, berging en het terras zijn van Belgisch hardsteen. De open trap in de hal kon worden gehandhaafd, maar ik koos er wel voor om de trap van onderen en van de zijkant met simpele planken te bekleden. Dit oogt gezellig, maar toch eigentijds.

《《《《《《《《《《《《《《《《《《《《《《《《《《《《《《《《《《《《《《《

A New Home without Moving House

The very first time I met the owners of Villa Montana in Apeldoorn they involved me in their dilemma as to whether they should sell their house and build another house somewhere else or whether they should completely renovate their existing house. In the end we decided on the latter. They were so attached to this wonderful spot in a spacious wooded area that they really wanted to stay where they were.

They were mainly looking for greater privacy and warmth. Originally all the rooms on the ground level had been interconnected. Therefore it was decided to carry out a major renovation and to change the lay-out. This was quite a business especially as there was an extension being added at the same time to accommodate another bedroom, cloakroom, bathroom and storeroom.

The floors in the hall, kitchen, dining room, storeroom and the terrace are Belgian bluestone. We were able to keep the open staircase in the hall but I did decide to cover the bottom and sides of the staircase with simple cladding. This looks homely but modern.

Omdat Villa Montana in de jaren zestig is gebouwd, wilde ik het geheel vooral niet te zwaar maken. Met name de zitkamer hield ik licht. Wel wilde de familie heel graag een oude schouw. Deze is uiteindelijk vrij strak gehouden, maar geeft wel de nodige sfeer. De vloer is van oud eiken en in Hongaars motief gelegd. Het schilderijtje op de schouw is een vroeg werk van Kees Verweij dat zijn toenmalige 21-jarige buurmeisje Seni Csicso voorstelt.

As Villa Montana had been built in the Nineteen Sixties I really wanted to ensure that a light touch was used. The living room in particular had to be a light room. The family did however very much want an old fireplace. In the end we kept that fairly unpretentious but it definitely provides the required atmosphere. The floor is made of old oak and has been laid using a Hungarian design. The little painting above the fireplace is an early work by Kees Verweij depicting Seni Csicso aged 21, who had been his next door neighbour.

Na de verbouwing werd in de woonkeuken een strakke, moderne keuken geplaatst. Om deze ruimte toch ook de gevraagde country look te geven, hebben we geen tegels boven het aanrecht aangebracht, maar de muren met een speciale verf behandeld en zwart geschilderd. De witte borden en antieke keukenattributen komen hierdoor prachtig uit. En door de oude ijzeren lampen heeft het geheel toch een warme sfeer. Om het statische zwart-wit wat te doorbreken, zijn er rode kussens en lampen gekomen. Het hertenkopje is antiek en van terracotta gemaakt.

After the conversion an austere, modern kitchen was fitted in the kitchen-breakfast room. In order to create the desired country living look in this area we didn't put tiles above the worktop but treated the walls with a special waterproof substance and painted them black. This makes the white plates and antique kitchen utensils stand out beautifully. And the old iron lamps lend a sense of warmth to the whole. In order to break up the static black and white a bit I added red cushions and lamps. The terracotta deer's head on the wall is antique.

De eetkamer is geheel wit gehouden. Omdat mevrouw erg van blauw houdt, heb ik een blauw, zwaar linnen tafelkleed uitgezocht en heb ik ervoor gekozen de antieke kast vanbinnen blauw te verven. Op de tafel ligt een handgestoken spiegel, die tijdelijk dienst doet als schaal.

In het nieuwe gedeelte van het huis is de slaapkamer eveneens licht gehouden. Het hoofdbord van het bed heb ik zelf ontworpen; het versterkt het schilderij erboven. De oude mahonie tafeltjes naast het bed werden gepatineerd.

The dining room was kept completely white. Because the lady of the house adores blue, I chose a heavy blue linen tablecloth and decided to paint the inside of the antique cupboard blue. On the table there is a hand-cut mirror which is being temporarily used as a bowl.

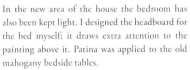

In the new area of the house the bedroom has also been kept light. I designed the headboard for the bed myself; it draws extra attention to the painting above it. Patina was applied to the old mahogany bedside tables.

De buitentafel is een eigen ontwerp en op maat gemaakt. Het blad is met lood bekleed.

The outdoor table was made to measure using my own design. The top is lead-lined.

Welbergen

Een chic gebaar

Het huis Welbergen was voor mijn echtgenoot Geert en mij een spontane ontdekking tijdens een van onze zondagse tripjes naar Duitsland. In een prachtig bosgebied bij Steinfurt raakten we in gesprek met iemand die zowel het huis als de geschiedenis erachter kende. En het was juist dat laatste dat Welbergen voor mij zo interessant maakt.

In 1929 werd Wasserberg Welbergen - zoals het huis officieel heet - door het kinderloze echtpaar Jordaan-van Heek aangekocht met als enig doel: iets moois nalaten voor volgende generaties. Zij hebben dan ook nooit privé op Welbergen gewoond. Dat deden ze namelijk op de prachtige villa Rotenberge een kleine vijf kilometer verderop.

Bertha van Heek kwam uit een grote, welgestelde familie die vermogend was geworden in de textielindustrie. Zelf had ze grote belangstelling voor tekenen, schilderen, cultuur en geschiedenis. De schilderachtige ligging van Welbergen, helemaal verscholen in de bossen, moet voor haar dan ook een grote inspiratiebron zijn geweest.

<<<<<<<<<<<<<<<<<<<<<<<<<<<<<<<<<<<<<<<<<<<<<<<

An Elegant Gesture

Welbergen was a spontaneous discovery by my husband Geert and me when we were in Germany on one of our Sunday outings. In a beautiful wooded area near Steinfurt we ended up talking to someone who knew both the house and the history behind it. And it is its history which makes Welbergen so very interesting to me.

In 1929 Wasserberg Welbergen which is the official name of the house was bought by the childless couple Jordaan-van Heek with the only objective of leaving something beautiful for the following generations. So Welbergen was never actually their private home. They lived in the magnificent villa Rotenberge which is about three miles down the road.

Bertha van Heek came from a large, well-to-do family which had become wealthy through the textile industry. She herself was very interested in drawing, painting, culture and history. So the picturesque location of Welbergen, completely hidden away in the woods, must have been an enormous source of inspiration for her.

Bertha en haar man Jan Jordaan kochten de adellijke woning op aanraden van Jan Herman van Heek, de broer van Bertha. Hij had zelf zijn droom verwezenlijkt door Huis Bergh in het Nederlandse 's-Heerenberg te kopen en raadde zijn zus aan Welbergen te kopen met het advies: 'Je zult er weinig inkomsten uit halen, maar je zou het kunnen doen uit liefde en piëteit voor oude dingen die bewaard moeten blijven.' Nog steeds vind ik dit iets heel bijzonders: dat dit huis puur en alleen is aangekocht om historisch erfgoed te behouden.

Bertha and her husband Jan Jordaan bought the manor house at Jan Herman van Heek's, Bertha's brother, suggestion. He himself had made his dream come true by buying Huis Bergh in 's-Heerenberg in the Netherlands and suggested his sister should buy Welbergen giving her the following advice: 'You won't make much money but you could do it out of love and reverence for old things which should be preserved.' It still moves me greatly that this house was bought purely and solely to preserve it for posterity.

Het interieur van Welbergen is door de jaren heen geheel en al in de stijl van de achttiende eeuw teruggebracht. Het prachtig gestuukte plafond dateert uit 1746.

De grote haard in de keuken is nog origineel. Het vele zware donkere eiken geeft een zeer pure, landelijke uitstraling. Hoewel je het vanaf de buitenkant niet zou zeggen, is Welbergen van-binnen een verrassend licht huis. De meeste ruimtes zijn licht geschilderd of behangen en er zijn diverse mooie doorzichten. De meeste meubels op Welbergen werden in de naoorlogse jaren door Dr. Ludger Baumeister, de naaste raadgever van Bertha, aangeschaft. De belangrijkste toevoegingen komen uit de col-lectie van Landesrat Dr. Ernst Kühl. Zowel hij als de familie Baumeister vonden op Welbergen onderdak tijdens de Tweede Wereldoorlog. Vandaag de dag is notaris en advocaat Heinz A. Baumeister, de zoon van de vroegere raadgever van Bertha, directeur van de Bertha Jordaan-van Heek Stiftung.

In the course of time Welbergen's interior has been restored entirely in the style of the Eighteenth Century. The beautifully plastered ceiling dates from 1746.

The big fireplace in the kitchen is still the original fireplace. The dominance of heavy dark oak lends a very pure countrified feeling. Although you can't tell from the outside, Welbergen is surprisingly light on the inside. Most of the rooms have been painted in light colours or have light-coloured wallpaper and there are some lovely views.

Most of the furniture at Welbergen was acquired in the years after the war by Dr. Ludger Baumeister, Bertha's close adviser. The most important additions originate from Landesrat Dr. Ernst Kühl's collection. Both he and the Baumeister family were able to find safety there during the Second World War. Heinz A. Baumeister, Bertha's adviser's son, a notary and lawyer, is the current director of the Bertha Jordaan-van Heek Foundation.

In de kamer waar Kühl veel werkte, staan twee bijzondere kisten. De ene is van eikenhout en stamt uit de tweede helft van de zeventiende eeuw. In de andere kist zijn prachtige uitgekerfde motieven te zien uit 1600 van Zilberholz. Deze gekerfde motieven komen veel in de volkskunst voor. De kamer is te vinden op de eerste verdieping.

In de 'memorial room' die ter ere van Bertha is ingericht, staan veel meubels van voor de Eerste Wereldoorlog. In deze ruimte verbleef zij graag. De interieurschilderingen geven een goed beeld van de sfeer op Welbergen en Rotenberge. De buste op de halfgebogen commode uit eind 1800 stelt een zevenjarige knaap voor en is toegeschreven aan C. Féneau. Op de achtergrond een collectie miniatuurtjes.

Hoewel Jan en Bertha geen kinderen kregen, lieten zij een prachtig levenswerk na dat nog steeds veel vreugde aan héél veel mensen geeft.

In the room in which Kühl did most of his work there are two very special chests. One of them is made of oak and dates back to the second half of the Seventeenth Century. In the other chest there are beautifully carved patterns dating back to 1600 crafted out of Zilberholz. These carved patterns are often seen in folk art. This room is on the first floor. A lot of the furniture in the memorial room which was set up in Bertha's honour dates back to before the First World War. She really liked spending time in this room. The paintings of the interior give a good sense of the atmosphere at Welbergen and Rotenberge. The bust on the curved chest of drawers dating from the end of 1800 represents a seven-year old boy and has been attributed to C. Féneau. In the background there is a collection of miniatures. Although Jan and Bertha didn't have children they left a beautiful life's work which still provides vast numbers of people with huge pleasure.

Maandag

Ongecompliceerd wonen op een boerenhoeve

Groot was mijn verbazing toen ik hoorde dat de Gelderse boeren-hoeve waar ik een interne verbouwing zou doorvoeren de naam Maandag had. Prozaïsche namen als Rosa, Rika of Jacoba leken mij meer iets voor zo'n hoeve uit 1907. Nieuwsgierig geworden vroeg ik de huidige bewoners naar deze achtergrond.

De nieuwe eigenaar wist mij direct uit de droom te helpen door te vertellen dat er niets bijzonders of geheims aan de naam Maandag was. De boerenhoeve uit het begin van de twintigste eeuw had de naam uitsluitend gekregen omdat de bouw ervan op maandag was begonnen. De boerderij aan de overkant bleek Dinsdag te heten…

Enfin, mij werd gevraagd om voor Maandag mee te denken over een interne verbouwing en restauratie. De opdracht was dat het ongecompliceerd wonen moest worden. De eigenaren wilden de verbouwing zo eenvoudig mogelijk uitvoeren. Het in 1926 aan-gebouwde voorhuis bleef daarom nagenoeg intact.

《《《

Simple Living in a Farmhouse

I was astonished when I heard that the farmstead in Gelderland where I was to be in charge of an internal conversion was called Maandag (Monday). Prosaic names such as Rosa, Rika or Jacoba seemed to suit a farmstead dating from 1907 much better. As I had become very curious I asked the current owners what the story was behind this name.

The new owner brought me down to earth with a bang by telling me that there was nothing special or mysterious about the name Maandag. The farmstead had merely been given this name at the beginning of the Twentieth Century because the builders had first started work on a Monday. The farm across from Maandag turned out to be called Dinsdag (Tuesday)…

Be that as it may, I was asked to join in considering an internal conversion and restoration for Maandag. The remit was to create a place conducive to uncomplicated living. The owners were keen for the conversion to be carried out as simply as possible. The hall which had been added in 1926 was therefore largely left intact.

De kleur van de keuken werd bepaald door een prachtig oud servies. Dit servies stond achteloos weggestopt onderin een kast. Ik was er zeer enthousiast over, temeer omdat het hier een oud Mason-servies betrof. Vooral de kleur rood vond ik schitterend en ik besloot deze daarom als basistint voor de keuken te gebruiken. Een eerder geplaatst plafond werd verwijderd om de oude balken weer zichtbaar te maken. Deze werden ossenbloedrood geverfd, evenals de rest van de keuken. De kandelaar is tevens lamp. In het onderste deel zitten drie halogeenlampjes onzichtbaar wegge-werkt. Dit is een eigen ontwerp. In het kleine opkamertje werden boekenwanden geplaatst, zodat het nu dienst doet als bibliotheek; een antieke kelim doet dienst als gordijn.

Aanvankelijk voelden de bewoners er niet veel voor om ook de deel aan te pakken. Maar uiteindelijk raakten ze toch overtuigd door de vele mogelijkheden die deze ruimte biedt. We plaatsten een grote haard waar hele boomstammen in kunnen verdwijnen, legden een simpele klinkervloer en restaureerden het plafond en de hilden, waardoor een heerlijke grote living ontstond. Hier wordt nu met de kerst de familie ontvangen en worden diners gegeven.

De opdracht is geslaagd. Ongecompliceerder kan het niet.

We chose the colour of the kitchen to match a beautiful old dinner service. This dinner service had been casually pushed away towards the back of a cupboard. I was very enthusiastic about it, especially as it was an old Mason dinner service. I particularly loved the reds in it and so I decided to use red as the base colour for the kitchen. A ceiling which had been put up in the past was removed in order to expose the old beams again. They were painted an ox blood red as was the rest of the kitchen. The candleholder is also a lamp. Three halogen lamps have been invisibly concealed in the bottom part of it. I designed it myself. We had bookshelves built in the small upstairs room so that it now serves as a library and an antique kilim is used as a curtain.

Initially the owners weren't keen to include the central part of the barn in the building work. But eventually they became persuaded by the many options which this area offers. We put in a large hearth with room for whole tree trunks, put in a simple brick floor and restored the ceiling and the sloping roof, which created a wonderful large living area. This is where the family gathers at Christmas and where dinners with friends take place.

Mission accomplished. It couldn't be simpler.

Inspiratie

Wanneer je als interior decorator werkt, is het altijd zeer inspire-rend om de nieuwe stoffencollecties op de grote interieurbeurzen te bewonderen. Persoonlijk houd ik erg van collecties waar een verhaal achter zit.

De stof Delicious komt uit de Home Collection van Silvera. Deze stof is door het zwart-wit met vage ondertinten als bruin en beige bijna in elke eetkamer of keuken toepasbaar. Ik paste deze stof toe in een eetkamer waar dit antieke jachtservies prominent aanwezig was. Een perfecte en spannende combinatie.

Met het Engelse stoffenhuis de Le Cuona werk ik heel graag. Zij voeren een prachtige stoere lijn als het gaat om linnen. Deze collectie is vaak ruig en sober en heeft prachtige pure tinten die deze stoffen meteen de oude sleetse chique uitstraling geeft.

Uniek zijn de prachtige borduursels op het linnen van de Le Cuona.

Inspiration

When you work as an interior decorator it's always very inspir-ing to admire the new material collections at the large interior fairs. Personally I love collections with a story behind them.

The 'Delicious' material comes from Silvera's Home Collection. This material can be used in almost any dining room or kitchen due to its black and white pattern with vague hues such as brown and beige. I used this material in a dining room where there was this eye-catching antique hunting dinner service. It was a perfect and exciting combination.

I love to work with the English material house de Le Cuona. They carry a wonderfully sturdy line of silks. This collection is often strong and sober and has beautiful pure colours, which immediately give these materials that old lived-in chic feeling.

The beautiful embroidery on de Le Cuona linen is unique.

Uit het Morris-archief worden er steeds weer documenten gehaald met ontwerpen in de decoratieve stijl en het materiaal waar William Morris zo beroemd om was. Veel van zijn ontwerpen zijn weer opgefrist. De fraaie kleuren en gestileerde bladmotieven zijn nog steeds actueel.

More and more documents are being retrieved from the Morris archive with designs. Many of his designs have been given a new lease of life. The wonderful colours and stylized flowers are still very contemporary.

Veel ontwerpen van de Imperial Collection zijn geïnspireerd op de oude country chic. Menig stofmotief uit deze indrukwek- kende collectie is ontleend aan de natuur en het buitenleven. De stof op deze stoel oogt door het kleurgebruik heel eigentijds, hoewel het een klassiek patroon is.

Many of the designs from the Imperial Collection were inspired by the old country chic. A lot of the material designs from this impressive collection were taken from nature and outdoor life. Thanks to the use of colour, the material on this chair still looks very contemporary although it is a classical pattern.

Het bedrijf Loggere Willpower vertegenwoordigt vele fantastische collecties waarmee zowel op klassieke als zeer eigentijdse wijze gewerkt kan worden. Vooral de collectie embrasses die zij voeren is heel indrukwekkend. Ze zijn er in diverse uitvoeringen: van pure zijde gecombineerd met bont of met glas. Door het vernuftige handwerk zijn het echt kunstwerken. Ze zijn er zelfs van echte paardenstaarten, afgewerkt met leer. Schitterend!

<<<<<<<<<<<<<<<<<<<<<<<<<<<<<<<<<<<<<<

The Loggere Willpower Company represents many fabulous collections which can be used both in a classical and a contemporary manner. Especially their collection of tie-backs is very impressive. There are various designs: crafted from pure silk combined with fur or glass. Because of the clever handiwork they are real works of art. There are even some which have been made out of real horses' tails, finished with leather. Fabulous!

Uit de collectie van Silvera komt ook deze bijzondere linnen stof met daarop een geborduurde explosie van bloemen, blad, bessen en aardbeien, een ode aan de natuur. Wij deden daar nog eens een bloemetje bovenop.

From the Silvera collection we have this unusual linen material with on it an embroidered explosion of flowers, leaf, strawberries and fruits of the forest, an ode to nature. We had to add our own flowers to that.

Het gerenommeerde stoffenhuis Zoffany is een unieke samenwerking aangegaan met de National Trust, zodat het Zoffany-
team gebruik mag maken van eeuwenoude prints uit beroemde
Engelse landgoederen, waaronder Hardwick Hall, Knole, Ham
House en Felgrigg Hall.

Oude prints worden opnieuw gedrukt met behulp van de
nieuwste technieken, waarbij de oude uitstraling gewaarborgd
blijft door het gebruik van oude kleuren en kwalitatief hoog-
staande materialen.

Het bijzondere aan deze National Trust Collection is dat van
elke verkochte meter stof een afdracht naar de National Trust
gaat, waarmee historisch erfgoed wordt behouden. Een samenwerking die met recht 'country chic' kan worden genoemd.

The renowned material house Zoffany entered into a unique
collaboration with the National Trust. The Zoffany team is
entitled to use the timeless prints from famous English country
estates including Hardwick Hall, Knole, Ham House and
Felgrigg Hall.

The old prints are reproduced using the latest techniques,
guaranteeing the traditional feel through the use of old colours
and high-quality materials.

The unusual thing about this National Trust Collection is that
part of the revenue from every metre of material sold goes to the
National Trust, contributing to the preservation of cultural
heritage. We can rightly call this collaboration country chic.

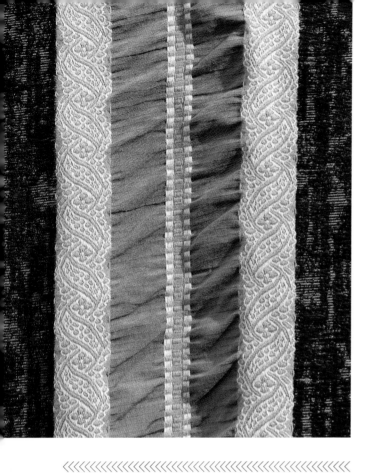

Dat het historisch erfgoed blijft inspireren mag duidelijk zijn. De schitterende zijden stof met daarop de ook van zijde gemaakte strikken werd oorspronkelijk vervaardigd voor de slaapkamer van Queen Mary op Packwood House. Zoffany bracht deze stof opnieuw uit, eveneens in zijde met dezelfde karakteristieke strikken. Adembenemend mooi!

It will be clear to anyone that historical heritage never fails to inspire. The beautiful silk material with its silk bows was originally made for Queen Mary's bedroom at Packwood House. Zoffany re-launched this material, also in silk and with the same characteristic bows. Breathtakingly beautiful!

'The queen
doesn't cook'

Dat koken niet mijn favoriete hobby is weerhoudt mij er niet van om regelmatig gasten te ontvangen. Ik vind het enig om partijtjes te organiseren die een thema hebben. Fantasie zou veel meer deel moeten uitmaken van ons dagelijks leven. Het maakt het zoveel boeiender. Koop kant-en-klare gerechten van goede kwaliteit en laat verder iedereen wat meenemen. Want wat is er warmer en uitnodigender dan tijd doorbrengen met familie en vrienden rond een gezellige tafel met mooie decoraties. En als dat buiten kan met takken kardinaalsmuts *(Euonymus)* en krent *(Amelanchier)* op tafel is dat natuurlijk nog specialer. De natuur, met al haar gaven, is verbluffend mooi in de late herfstzon.

The fact that cooking is not my favourite pastime does not stop me from regularly inviting people round for a meal. I love organising themed parties. Using our imagination should be a far greater part of our daily lives. It makes life so much more interesting. Buy good quality ready-made meals and get everybody to bring something. For what could be more delightful than inviting and spending time with friends and family around a lovely table with beautiful decorations? And if it is possible to do this outside with twigs of *Euonymous* and *Amelanchier* on the table, then that is of course even more special. Nature with all its gifts can overwhelm you with its beauty just sitting there in the late autumn sun.

'The queen doesn't cook', maar de Echoput in Hoog Soeren wel. Wanneer wij uitgebreide diners hebben, kan ik altijd terugvallen op dit zeer gerenommeerde wildrestaurant.

Nu, aan het einde van dit boek, dacht ik zelf een eenvoudig bosdiner in elkaar te zetten. De decoraties lukten, maar voor de heerlijke patés, stoofpeertjes, veenbessencompote én de onovertroffen tarte tatin van sous-chef Heine Ruitenbeek moest ik toch weer de hulp inroepen van de Echoput.

Wat ben ik blij met mijn naam Beatrix die het af en toe rechtvaardigt om te zeggen: '**The queen doesn't cook**.'

'**The Queen Doesn't Cook**', but the Echoput in Hoog Soeren certainly does. When we have elaborate dinners I can always fall back on this very well-known game restaurant.

Now, at the end of this book, I thought it would be nice to create a simple woodland dinner myself. The decorations were a success but for the delicious pâtés, stewed pears, cranberry compote and not to be forgotten the unsurpassed tarte tatin by sous-chef Heine Ruitenbeek I did end up having to call on the Echoput once again to come and help me.

I am so glad that my name Beatrix gives me the right to exclaim from time to time: '**The Queen Doesn't Cook**.'

What is this life if, full of care,

      We have no time to stand and stare.

No time to stand beneath the boughs

      And stare as long as sheep and cows.

No time to see, when woods we pass,

      Where squirrels hide their nuts in grass.

No time to see, in broad daylight,

      Streams full of stars like skies at night.

No time to turn at Beauty's glance,

      And watch her feet, how they can dance.

No time to wait till her mouth can,

      Enrich that smile her eyes began.

A poor life this if, full of care,

      We have no time to stand and stare.

W.H. Davies, 'Leisure'

Fotoverantwoording

Alle foto's in dit boek zijn van Jan Verlinde, behalve:

P. 6/7: © NTPL/Nick Guttridge

P. 14, 22, 23, 24 en 25: Cees Roelofs

P. 27 (portret) en 32 (portret met hond): Dennis Brandsma

P. 128: © NTPL/Rupert Truman

P. 129, 130/131, 132, 133, 134/135 (boven), 135 (linksonder): © NTPL/Nadia Mackenzie

P. 130 (links), 134 (links): © NTPL/Michael Caldwell

P. 135 (rechtsonder): © NTPL/fotograaf onbekend

P. 169: © NTPL/Andreas von Einsiedel

Dit boek maken was een leuke en boeiende ervaring. Mooie producten komen meestal voort uit samenwerking. Mijn dank gaat dan ook uit naar de volgende personen met wie er een buitengewoon goede samenwerking was en zonder wie dit boek niet tot stand was gekomen:

In de eerste plaats Melanie Zwartjes van uitgeverij Terra Lannoo, die mij alle vertrouwen en vrijheid van werken gaf.
Annelies ter Brugge die voor Terra Lannoo de begeleiding deed voor dit boek.
Jan Verlinde, wiens passie en talent voor fotografie ik zeer bewonder.
De Heeren van Vonder en Esther Plaat, die de fraaie vormgeving verzorgden.
Laura Thuis, die met enorme inzet en toewijding mijn verhaal vanuit de grondverf van een hoogglanslaag voorzag.
Paul Rem, die mij bijstond met zijn enorme historische kennis.
Mijn vriendin Gudrun van Engelen voor haar niet aflatende support.
Mijn nichtje Joyce Ran die mij bij alle produkties heeft bijgestaan waar het ging om alle attributen voor styling.
Lisa Sanders, mijn veelzijdige rechterhand bij de paarden en de groendecoraties.
De eigenaren van de huizen, die mij al hun vertrouwen gaven.
En dan natuurlijk mijn zoon Paul en schoondochter Brenda die mij met raad en daad bijstonden.
Maar boven alles mijn echtgenoot Geert die tot laat 's avonds achter de computer zat te werken voor mij
en er altijd voor mij is gedurende zoveel jaar.

BY Beatrixx®

www.beatrixkleuver.nl

Putting together this book was an enjoyable and fascinating experience. Beautiful things are usually the result of people working together. That is why I would like to thank the people with whom it was such a pleasure to work and without whom this book would never have come into being.

Firstly, I would like to thank Melanie Zwartjes from Terra Lannoo Publishers who gave me trust and freedom.
I would like to thank Annelies ter Brugge who organized the support for this book on behalf of Terra Lannoo.
Jan Verlinde whose passion and talent for photography I greatly admire.
De Heeren van Vonder and Esther Plaat who took care of the beautiful design.
Laura Thuis who provided the exquisite finish to my base coat layer story with enormous effort and dedication.
Paul Rem, who was by my side with his enormous historical knowledge.
My friend Gudrun van Engelen for her never-ending support.
Lisa Sanders, my versatile right-hand woman for the horses and the flower and greenery decorations.
I would like to extend my thanks to all the owners of the houses who gave me their trust.
And then, of course, there are my son Paul and daughter-in-law Brenda who supported me with advice and assistance.
But most of all, my husband Geert who worked away at the computer until late at night helping me
and has been there for me for so many years.